LOS ÁRBOLES NO CRECEN TIRANDO DE LAS HOJAS

J. Miguel Hoffmann

LOS ÁRBOLES NO CRECEN TIRANDO DE LAS HOJAS[1]

El primer año de vida del infante humano

Publicación para padres, sobre la significación del primer año de vida, desde la comprensión del desarrollo humano como un proceso que dura toda la vida pero que tiene en su comienzo especial importancia

A las madres que tuve más cerca:
A la mía, a las de mis hijos, a mis hijas madres.

---

1   Frase atribuida a la sabiduría oriental.

Hoffmann, Juan Miguel
  Los árboles no crecen tirando de las hojas / Juan Miguel Hoffmann ; edición literaria a cargo de Cindy Petetta ; con prólogo de José A Valeros y Luis E Prego Silva. - 1a ed. - Buenos Aires : Ciad-Hoffann, 2014.
  220 p. ; 23x16 cm.

  ISBN 978-987-29549-4-9

  1. Psicología. I. Petetta, Cindy, ed. lit. II. Valeros, José A, prolog. III. Prego Silva, Luis E, prolog. IV. Título
  CDD 155.4

Fecha de catalogación: 30/04/2014

Los Árboles no crecen tirando de las hojas
Miguel Hoffmann

Primera Edición: 2002
Quinta Edición: 2014
Diagramación: Cindy Petetta
Diseño de portada: Iñaqui Ortega

ÍNDICE

Prólogo del Dr. Luis E. Prego Silva

Estimado Miguel:

Yo creí que te conocía bien, porque nos encontramos en familia, en conferencias, en congresos y aún en charlas que se producen en encuentros siempre muy fugaces.

Pero hace unos días llegó una copia del manuscrito del libro que se publicará el año próximo, con una tarjeta que dice, "le pido que lo lea y si le parece adecuado le pido que me haga una línea de prólogo. Me sentiría muy acompañado."

La lectura de la tarjeta me halagó, pero la lectura del manuscrito me fascinó, porque me permitió conocer a la otra parte del Miguel que no conocía.

En los años que tengo (en edad y en trabajo) he leído muchos libros que se consideraron escritos para padres, para abuelos y para todos los que de alguna manera están con niños.

Se les reconocen sus propósitos didácticos o informativos o simplemente con el fin de orientar a gente que está ante una situación nueva: la llegada de un niño y el tiempo que le sigue.

Pero a todos ellos les faltó lo que tan generosamente da el tuyo.

Es curioso, la lectura se transforma en una experiencia auditiva y casi visual, porque se te oye y se te ve en cada párrafo mostrando una sabiduría, una humildad y una capacidad de entrar en el lector, que solo tienen los grandes.

En ningún momento el relator está compitiendo con lo relatado, aseguras una marcha sincronizada con el lector y sabes muy bien cuando tienes que ir despacio, porque se está transitando por temas difíciles, me refiero a las definiciones que das de pensamiento, de creatividad, y de felicidad (en pág. 5), y a la ubicación que haces del investigador y de lo que es investigar, término tan frecuentemente utilizado en las conversaciones entre técnicos (y no técnicos) y que nada tienen que ver con la verdadera investigación.

Tú la muestras como una actividad difícil que requiere vocación y esfuerzo.

Me pareció brillante el incluir el arte y la creatividad como atributos o capacidades innatas del ser humano.

Coincido con Winnicott cuando establece una diferencia entre el arte que busca el aplauso y el que es una simple manifestación del vivir plenamente.

También me interesó lo que en pág. 43 dices de la respiración como acto que pone en contacto permanente el interior con el exterior.

Hace unos años traté de demostrar, en un trabajo, que el aire es el primer objeto, antes que el pecho de la madre y en él hay puntos que podrían tocar las ideas que tú expones.

Tu texto está lleno de comentarios que parecen obvios, por ejemplo: iniciativa es eso, es iniciar una acción por cuenta propia y que sin embargo nos llevan a pensar en "lo que no sabíamos y que creíamos saber".

Tus tres bebés de mamá (pág. 48) me recuerdan a los tres niños que reconozco en la consulta: el que inventan los padres con sus proyecciones, el que inventa el técnico desde sus teorías y el desconocido, que es al que debemos descubrir.

Me interesó tu forma de tocar el tema de los límites sin atentar contra las capacidades innatas con las que todos los individuos venimos provistos (y que el ambiente dejará desarrollar o no).

Recordemos a Winnicott cuando dice: lo constitucional es mudo, es el ambiente el que lo hace hablar (tendría que fundamentar el porque no estoy totalmente de acuerdo con esa afirmación).

Cuando llegas a la descripción del postparto pienso que le faltó destacar la importancia y frecuencia de la depresión de ese período, con tanta influencia en los procesos de integración del bebé, primero y del individuo después.

Cuando llegamos a la sección III, **Cuando algo anda mal**, tú te presentas con toda tu experiencia de clínico pero con una fineza para explicar las diferentes "patologías" de modo comprensible y tranquilizador.

En suma, gracias Miguel por este doble regalo, el de darme la oportunidad de experimentar un placer mientras te leía, y el de encontrarme con un Miguel tremendamente humano que estaba escondido (al menos para mí).

No quiero terminar estas líneas sin dedicarlas a recomendar la lectura de este libro, por los que ya son padres y que aún tienen mucho que aprender de él; para los que no lo son y algún día lo serán y muy especialmente para adolescentes.

Al menos en nuestro país, asombra el aumento de adolescentes solteras embarazadas.

No sé si cabe llamarlas solteras, porque muchos de esos embarazos son producto de una accidental unión que no deja lugar para pensar y para sentir que de ello va a surgir una nueva vida y que, como tal, tiene sus derechos a vivirla de modo que pueda ir haciendo un camino hacia una adultez feliz.

Nuevamente muchas gracias.

Luis Enrique Prego Silva.
26 de noviembre 2000.
Montevideo, R.O. del Uruguay

Prólogo del Dr. José A. Valeros

Si pudiera me acurrucaría entero en el fondo de mis ojos, puro mirando la rama del naranjo, allí en el punto, arribita de donde la hoja se abraza a la rama, en ese como granito que parece haberle salido en la piel; y lo miraría todito el tiempo, sin pestañar, para hasta ver los brincos de su hinchazón y el alargamiento de ese cuello fino que lleva al capullo de la flor del naranjo hacia fuera de la rama. Y tan quieto me quedaría, si pudiera, que vería el palidecer del verde del capullo hasta ponerse blanco, y al blanco abrirse en abanico y luego irse deshaciendo en fragancia de azahar. Y hasta vería agotarse el perfume y quedarse amarronada de seca la flor, de tanto verterse al viento. Y miraría el desprenderse y la caída de cada pétalo. Si pudiera, eso haría. Pero no puedo. También querría ver el coagular de cada puñado de nube en copos de nieve, y mirarles el juego de liviandad, hasta posarse en el suelo, y ver cómo lo hacen, porque los copos de nieven no caen, se posan.

Y así también con el lago del atardecer, lo miraría incendiarse de cobre y de plata y al final de petróleo.

En verdad todas esas cosas haría, pero no puedo. La sed, el hambre, el sueño y los trabajos me lo impiden.

Pero el haberlas nombrado viene a cuento del libro de Miguel Hoffmann. Tiene que ver con algo que sí pude hacer. Y eso fue mirar y mirar y escuchar y participar del desarrollo de mis hijos día a día, hasta hoy, y de los niños en análisis. Y el

13

despliegue de la persona de los niños que es continuo, también es lo suficientemente pausado como para no notar los ratos en que no se está presente, y entonces tener la ilusión que uno lo vio todo. Y lo que es más importante, el placer de vivir con los niños.

Eso quiere mostrar Hoffmann; que si bien la crianza es un trabajo, no es sólo esfuerzo, es una manera privilegiada de vivir y que no es sólo para el bebé a quien van dirigidos los beneficios sino también para los padres. Si hasta uno se olvida que hubo trabajos y en cambio se recuerda que cada día había una palabrita nueva, o una mejor pronunciada; o un gesto enriquecido; o un interés expandido; o un afecto más definido. Y el autor nos cuenta que no se trata simplemente que estas satisfacciones les queden a los padres; es mucho más rico y responsable, porque sólo aquello que es reconocido y valorado por los padres en el bebé, queda integrado como propio en la persona del hijo.

Entiendo que el mensaje central del Dr. Hoffmann es que lo más vital y necesario que aportan los padres al desarrollo de sus hijos consiste en reconocer, cuidar, respetar y gozar de las iniciativas propias de sus hijos.

A lo largo de la obra le importa al autor decirlo también desde el anverso: no se trata de empujar, exigir, imponer por parte de los padres, de ahí el título del libro: "Los Árboles No Crecen Tirando de las Hojas".

El libro de Hoffmann es meduloso, está basado en amplias investigaciones personales del autor y en la de otros numerosos estudios del desarrollo del bebé. No es fruto de especulaciones de escritorio. Aquí y allá a lo largo del libro, Hoffmann recuerda al lector que sus comentarios se basan en investigaciones. A pesar de esos recordatorios, el estilo intimista y cotidiano de su escritura hace olvidar uno de los méritos del libro: resumir, integrar y transmitir en forma sencilla y precisa una enorme masa de información científica. Para lograr eso hay un secreto: mucho trabajo. Es más difícil transmitir un conocimiento en el lenguaje de todos los días, que hacerlo usando terminología técnica. Cuando uno usa términos técnicos, puede saber poco, regular o mucho, pero se crea la ilusión para el que lo dice y para el que escucha, de que hay sabiduría. Cuando se habla en términos cotidianos no hay escudo, si no se sabe muy bien no se puede transmitir.

Cómo es un bebé y cómo se lo debe criar, son temas que la humanidad supo siempre, tanto que esos conocimientos son el núcleo de cada cultura. Enseguida resulta a la vista que no hay una sino muchas formas de concebir a los niños y a la función de los padres. Igualmente, dentro de cada grupo cultural encontraremos variaciones personales sobre el tema. Más aún, como el Dr. Hoffmann nos describe, cada mamá tiene tres bebés en su persona: "el bebé de su historia personal, el bebé inconsciente, el de su familia, el bebé que iba a tener con papá, o que le pensaba regalar a él. O a su mamá"; el segundo bebé es el concebido por la mamá como persona adulta, en donde se destaca el hijo que desea y lo que le desea a ese hijo; y finalmente el tercer bebé es "el de la percepción", el bebé tal cual es.

Creo que el libro de Hoffmann intenta ayudar a los padres, a aproximarse lo máximo posible a ver y conocer a su hijo tal cual es. Y le importa porque en la medida en que los padres puedan conocer, tolerar y respetar lo personal de sus hijos, aún difiriendo de sus propias experiencias infantiles y de sus anhelos, en esa medida, promoverán en el hijo un desarrollo que el bebé sentirá genuino, sólido, propio, y que es la fuente del bienestar.

Nunca es posible una percepción objetiva pura de un hijo, o de nada. Porque como relata el autor, el cristal con que miramos la realidad, tiene incluidas las experiencias infantiles de uno mismo. Pero sí es factible ayudar a ver al bebé un poco más cerca de lo que realmente es. De toda la persona del bebé hay un área que nos lleva al núcleo central del libro, de las investigaciones del autor y de su concepción psicológica y filosófica sobre el desarrollo de la persona: el valor supremo de las iniciativas propias del bebé. Dice Hoffmann que sólo a través de sus iniciativas propias el infante descubre lo que el mundo le significa a él, que es la esencia de lo que se llama creatividad. Y no sólo el significado, sino los conflictos que encuentra, que si se basan en sus iniciativas personales, los sentirá como propios e intentará encontrar sus soluciones. Esto no significa que un bebé desee o necesite desarrollarse solo en aislamiento. Por el contrario necesita de cuidados y ayudas e intercambios permanentes, pero su vivir, es enriquecedor en la medida en que se basa en sus iniciativas propias.

Si yo he captado la médula del libro de Hoffmann, ésta podría haber sido descripta en pocas páginas. Pero una formulación abstracta no hubiese servido de ayuda. Porque ¿a quién se le ocurre no respetar las iniciativas del bebé? Pero más importa aún ¿cuáles y cómo son esas iniciativas? ¿Dónde aparecen y que conflictos tienen las madres con ellas?

A lo largo del libro el Dr. Hoffmann lleva al lector a observar los sucesos de la vida diaria del bebé y su mamá en el lugar donde ocurren: el baño, la cocina, los dormitorios, la sillita del bebé y hasta meterse en los intrincados sucesos del escenario del plato de la papilla. El método que nos sugiere es mirar, mirar, y mirar hasta que de tanto observar el sentido de las pequeñas minucias de la vida diaria, nos revelen las trascendentales cuestiones que están en juego. En esos momentos del libro las cualidades de belleza y ética parecen coincidir y a veces la sensación de tragedia. Si a raíz de la lectura del libro de Hoffmann una mamá, aún haciendo de tripas corazón, le permite a su bebé que use parte de la papilla para jugar a enchastrar y enchastrarse, creo que el autor estará satisfecho de haberlo escrito. Si la mamá ya sabía eso, y naturalmente lo había permitido con gracia, la lectura le será simpática y le sugerirá algún otro lugar en donde poder mejorar su apoyo a las iniciativas del bebé.

Cuando el Dr. Hoffmann nos habla de la manera en que traté de caracterizarlo, él nos recuerda que está describiendo la normalidad, y los momentos de éxito de la crianza. Pero en la vida real hay muchos otros momentos que no cursan naturalmente, hay conflictos y a veces serios. Y de ellos también se ocupa:

problemas del irse a dormir y del sueño; dificultades con la alimentación; déficits en la socialización; exceso de llanto; falta de interés por el juego; irritabilidad exagerada; pobre desarrollo del lenguaje, y otros.

El Dr. Hoffmann se refiere a cada uno de estos problemas de la crianza, aportando conocimientos sobre su naturaleza, el origen y posibles vías de solución.

Pero aparte de las características propias de cada tipo de conflicto, hay una filosofía de base en las recomendaciones de Hoffmann común a todos ellos. Piensa, junto a otros autores que el infante humano nace con capacidades innatas para aprender. Tiene la capacidad para aprender todo. Y los padres son sus maestros naturales que de muy diversas maneras le van enseñando día a día lo que hay que aprender a saber, a sentir y a hacer para llegar a ser una persona. ¿Qué persona? Bueno, precisamente, la persona que los padres saben que debe ser y desean que sea su bebé.

El bebé normal es un buen aprendiz; eso sí, lento y gradual en su desarrollo, pero tiene también innatamente la tendencia a desarrollarse y madurar. Pero es un aprendiz complicado para sus maestros, los padres. Porque desde el comienzo, a la vez que está aprendiendo lo que se le enseña y acomodándose en general a las expectativas de sus padres, aunque en forma limitada pero con mucha firmeza, pretende ser él el maestro, el que decide qué y cómo ser. En esos momentos se revierte la relación del bebé aprendiz, y los padres quedan en la posición de aprender del pequeño maestro, que de tanto en tanto decide cómo quiere ser dormido; con qué y cómo quiere jugar; cómo quiere ser calmado y quién tiene que tomar la iniciativa con respecto a qué. De manera que la tarea constante de los padres de ser los que dirigen y deciden los cuidados continuos del infante se ve interrumpida cada tanto por la activa y decidida actitud de un bebé que demanda que tal cuestión sea resuelta a su manera. Como todo padre sabe, algunos de esos momentos, en los que chocan las expectativas de los padres con las demandas del bebé, semejan luchas de titanes en donde ambos bandos parecen jugarse la vida. Y en realidad es así, porque tanto los padres como el bebé se juegan nada menos que la más vital de las aspiraciones de un ser humano, la de ser el agente activo protagónico de la propia vida. Los hechos específicos que desencadenan estos conflictos parecen ínfimos, se juega con la papilla o se come con la cuchara, pero en la profundidad son de una importancia capital: "mi hijo me desilusiona, no es como yo quiero que sea"; y, desde el bebé, "me impiden ser como yo quiero ser".

Estos conflictos no son evitables: los padres no podrían enseñar y cuidar a un bebé sin un modelo de lo que desean como personalidad para sus hijos; y el bebé no puede llegar a ser una persona si no participa activamente en el diseño de sí mismo. Y si bien no son evitables, sino naturales y necesarios, cabe una sugerencia. Ésta es, que los padres no recurran a la coerción, a la fuerza, para someter a los bebés a la expectativa que ellos tienen sobre sus hijos. Que no renuncien a los modelos de hijos que quieren, porque los necesitan para guiar sus cuidados, pero que estén preparados para tolerar el dolor que les provocarán las desilusiones que les causarán necesariamente sus bebés.

La tendencia a someter

Cuando el infante desafía las expectativas de los padres y trata de ser a su manera esto suele provocar intensas ansiedades en los padres. Un sencillo detalle de la vida diaria del bebé, como puede ser su gusto por enchastrar, puede conmover y amenazar profundas convicciones de los padres: lo que es limpio y lo que es sucio; lo que es apropiado y lo que es desatinado; lo que es grato y lo que es abominable; lo que es un bebé obediente y lo que es un bebé desconsiderado; lo que es un bebé "sano" y lo que es un bebé "monstruoso". Cuando las ansiedades provocadas a los padres por las iniciativas propias del bebé son muy intensas tenderán a someter al infante por la fuerza. Si estas situaciones se hacen habituales derivan en vínculos patológicos entre el bebé y sus padres. Desde el punto de vista del bebé, él no podrá seguir el desarrollo a su manera dentro del marco de los modelos ofrecidos por los padres, sino que tendrá que dedicarse a oponerse o entregarse a las exigencias del sometimiento. En cualquiera de los dos casos quedará interrumpida su maduración natural.

Es también normal que surjan momentos en los que los padres no sepan qué hacer o cómo hacer ante un problema de la crianza. Ante estas situaciones cabe una sugerencia: que se guíen por lo que sus propios bebés les indiquen sobre la manera de resolver la cuestión. Cuando lo que uno sabe como padre no funciona en un momento determinado, no hay consultor más adecuado a quien recurrir que el propio bebé. Es posible preguntarle su opinión al bebé. Por supuesto, no verbalmente. Pero esto no es una desventaja. Al contrario, al no utilizar el lenguaje verbal evitamos uno de los inconvenientes que tiene el lenguaje, que es la posibilidad de ocultar. En cambio, con sus formas expresivas directas, sus gestos, su estado de ánimo, su estado de interés, el bebé nos puede ir indicando, si nos fijamos atentamente, cuáles son sus necesidades y la manera en que él necesita que las atendamos.

Visto así, es fácil reconocer que el bebé, sin proponérselo, puede funcionar como maestro de sus padres, enseñándoles a ser padres, aunque al comienzo era necesario que supieran cómo serlo. Esto es una paradoja de la vida, que a pesar de las innumerables reyertas cotidianas puede en su conjunto ser muy gozosa y enriquecedora.

Los comentarios se han centrado en la relación del bebé con sus padres, y de estos últimos especialmente al rol de la madre. Esto es natural, la relación del bebé con su madre es preeminente en el primer año de vida. Pero esta relación casi exclusiva, necesita cuidados y apoyo de su entorno. El Dr. Hoffmann presta mucha atención al medio ambiente y a su función; concibe estas fuentes de apoyo, como capas de cebolla que crean un nido de protección y suministros para la relación de la madre y el bebé.

Nos ofrece una detallada visión del sustento que brindan el padre, los abuelos, amigos, otros parientes, pediatras, y diversas fuentes de ayuda.

Para todos los que participan en el desarrollo del bebé, sea centralmente o en forma más alejada, este libro les resultará muy estimulante y agradable. Los iluminará en algunos aspectos que no conocían, y en los que sabían intuitivamente les ofrecerá un conocimiento más preciso lo que es siempre satisfactorio.

COMENTARIO DEL AUTOR A LOS PROFESIONALES QUE LEAN ESTA PUBLICACIÓN

El presente texto es una publicación orientada a padres de bebes de un año o menos, futuros padres, profesionales del área de la pediatría, neonatología, enfermería, educación temprana y de otros campos vinculados a la Infancia. Es para quienes quieran familiarizarse con los conceptos centrales del desarrollo temprano, desde una perspectiva integradora de diferentes corrientes pero organizado alrededor de un pensamiento que pone su énfasis en la comprensión de los procesos que llevan a la constitución del Ser humano: la espontaneidad, su organización y adaptación, y el surgimiento de la capacidad reflexiva, acompañado del desarrollo de creatividad y el logro de estados de integración. En cómo se llega a ser "uno-mismo", un individuo, de alguna manera único.

El lenguaje se trató de mantener coloquial y de la vida cotidiana, con el fin de abarcar diferentes espectros culturales, socioeconómicos y educativos. Los conceptos son sin embargo, los esenciales del campo y vigentes en la actualidad.

El autor también tomó ideas del campo psicoanalítico. Las tendencias más familiares para el autor son las de orientación moderna, alrededor de los conceptos de la psicología psicoanalítica del Self, especialmente Winnicott y algunas cosas del grupo de Kohut. A esto se agregan los desarrollos contemporáneos de autores como Stern, Sander, Lebovici, Emde y otros. O sea el grupo de psicoanalistas que hicieron investigación en primera infancia.

La estructura del libro se organiza alrededor de ideas desarrolladas por el propio autor, sobre la iniciativa humana, la voluntad propia, y la capacidad de elegir que se observa en bebes de pocos meses. Estos desarrollos se basan en las investigaciones del autor sobre la relación madre-bebé durante 20 años. La concepción teórica del autor lleva a una comprensión del desarrollo temprano como un periodo crítico para el afianzamiento de la individualidad del bebé, la constitución de un sujeto humano sólido, en función de los desenlaces finales de una fórmula básica:

Preservar la propia espontaneidad frente a las tendencias Ambientales de sometimiento a las pautas culturales

Esto fue bien identificado por Adam PHILLIPS en su biografía de Winnicott[1] cuando dice: "...Al introducir un lenguaje de reciprocidad en la historia del desarrollo temprano, Winnicott reformula una parte del relato hecho por Charles Darwin. De hecho, Winnicott revierte la ecuación darviniana al sugerir que el desarrollo humano fue con frecuencia una lucha despiadada contra el sometimiento al ambiente... " (pág. 5 de la Introducción)

Las ideas surgidas de la investigación del autor durante los últimos 20 años en dos culturas diferentes, se pueden sintetizar en las conclusiones siguientes:

1º– El infante humano tiene una individualidad desde los primeros momentos de su vida.

---

1   LRPr. PHILLIPS, Adam "Winnicott". Fontana Press, London.
(LR.: Lectura Recomendada)
(LRPr.: Lectura Recomendada para Profesionales)

2º– Su individualidad está determinada por sus dotaciones genéticas pero también por la trama particular de vivencias desde el momento de su comienzo en la vida intrauterina.

3º– El bebé es llevado por una fuerza espontánea, expresión de su vitalidad, a una búsqueda activa de nuevas experiencias, siendo éstas la matriz de la vida psicológica, tanto en su forma de expresarse como en la recolección de vivencias producidas en el contacto con el mundo.

4º– La espontaneidad se expresa en iniciativas, una primera forma de organización psicológica, que reúne vivencias anteriores, esquemas motores, impresiones sensoriales, integradas de manera propositiva hacia la acción.

5º– El medio ambiente – conjunto cuidador formado por la madre o cuidador/a y otra "capas" sucesivas- recibe el impacto de dicha expresión de individualidad y responde básicamente de dos maneras, aceptando o rechazando. La aceptación podrá ser parcial, negociada o total. El rechazo podrá tener diferentes instancias y modalidades, con grados variables de violencia.

6º– Las motivaciones ambientales para dicho rechazo o aceptación dependen del grado de resolución de la historia personal de ambos padres, pero en particular de la madre o del cuidador principal.

7º– La capacidad negociadora ambiental es un determinante central del grado de realización de los proyectos infantiles y del consiguiente desarrollo no solo de la individualidad del bebé sino de sus patrones de vinculación con un mundo que le hace o no un lugar; acá mamá, o cuidador, se convierte en paradigma de "mundo", universo de relación.

8º– La incapacidad de negociación en el cuidador se expresa en una falta de respeto, definido teóricamente por el autor como la tolerancia a la divergencia del desarrollo infantil respecto de las expectativas parentales.

9º– La falta de respeto origina distintos niveles de reacción[2]

2 Ponemos aquí el énfasis en una acción que es *respuesta* y no una esponta-

infantil, desde las simples reacciones aversivas, hasta la conflictividad frontal y total del choque. De aquí a la patología hay
solo un paso. El resultado de este período será crucial para el
establecimiento de un ser genuino, auténtico, original, indi-
viduado, en camino hacia su desarrollo personal a lo largo de
todo el ciclo vital. La falla de este proceso determina diferentes
grados de adaptación desmedida que generan formas diversas
de fracaso en desarrollar un destino propio, cayendo en el *sino*
del determinismo ambiental. Esta pérdida de la autonomía re-
lativa de gestión se acompañará de sensaciones de vacío, irrea-
lidad, despersonalización (con la amenaza latente del suicidio)
y de manifestaciones de padecimiento psicosomático, incluso
graves y mortales. En el plano social se pueden comprobar diferentes formas de ataque a la convivencia y una deficiencia para
el ejercicio de la democracia la que requiere de una capacidad
de respeto hacia el Otro como la que se experimentó para sí y a
la cual se debe la individuación y posibilidad de ser uno mismo.

10º– Por último, el desarrollo afortunado de estas etapas de
negociación del espacio vital llevan a un despliegue de las funciones psicológicas que no solo aseguran la "normalidad" an-
helada. En realidad producen algo más significativo, como es el
surgimiento y consolidación de un nuevo ser con capacidades
tales como el pensamiento propio, la creatividad, y un potencial
de felicidad más allá de la satisfacción de las necesidades.

Pensamiento es entendido en este contexto como la capacidad de pensar pensamientos propios, nuevos, originales o
logrando redescubrimientos y no solo la capacidad parcial de
un razonamiento lógico o un cálculo matemático más o menos mecánico. Un ejemplo del pensamiento parcializado está
dado por los "locos sabios". Un caso que ilustra bien ésta idea
es la capacidad que tiene el personaje que representa Dustin

---

neidad del sujeto.

Hoffman en **The Rainman**[3], un autista capaz de complejísimos cálculos matemáticos y una memoria prodigiosa.

La creatividad no es entendida como la restrictiva visión del arte como único campo de creación y se extiende a todos los descubrimientos y formas novedosas de tratar la cotidianeidad, resolverla, hacerla afín, domesticarla, darle un toque de humor, hacerla diferente. El arte, o las expresiones culturales activamente ejercidas o pasivamente participadas forman parte de esta creatividad, en la cual se incluye el descubrimiento del sentido de dicho acto cultural.

Por felicidad entendemos aquello que es una suma de vivencias que incluyen la satisfacción placentera, el sentimiento de alegría y aquella expresión más afín a la felicidad que es la experiencia de integración, de ser uno mismo, de tener continuidad en el tiempo. Por más efímero que pueda ser dicho momento de plena integración deja huellas indelebles, aún cuando no se han incluido en esa experiencia la satisfacción placentera de necesidades o deseos y aún faltando la alegría.
Entre ambos extremos, la enfermedad y la salud, se encuentra esa paleta infinita de grises de los que se compone la mayoría de las vidas y aún la mayoría de los momentos de las vidas más felices o enteras.

El título elegido para el libro es una indicación de estos procesos naturales que no pueden ser forzados y que dependen de condiciones ambientales favorecedoras o entorpecedoras, pero que no pueden modificar la naturaleza en el sentido de hacer crecer más allá del sentido natural. En alguna oportunidad este título me fue referido como proveniente de un dicho japonés.

---

3 "The Rainman" (MGM-UA), Director Barry Levinson; con Tom Cruise, Dustin Hoffman. Título en castellano (R. Argentina " ").

INTRODUCCIÓN

Este texto está dirigido a padres con bebes o padres de cualquier edad que quieren entender el desarrollo emocional de sus hijos o nietos.

He tratado de usar un lenguaje coloquial, de todos los días, apuntando a una comprensión lo más amplia posible. Hay muchas, -tantas!- diferencias entre los papas: los que fueron a estudiar varios años y los que estudiaron poco; entre los que tuvieron una infancia feliz y los que fueron abandonados y desgraciados; entre los que entendieron más lo que les pasaba mientras crecían y los que entendieron poco de las cosas que les sucedían al crecer; entre los que fueron descubriendo cosas en el proceso de llegar a ser padres y aquellos que casi no comprendieron lo que significaba tener un hijo propio; entre los que deseaban un bebe y los que fueron sorprendidos. Podríamos seguir hablando de esas diferencias, pero también podemos destacar las similitudes: sorpresas hay para todos. También desencantos. Intensa ocupación y preocupación, dolor, maravillarse; mostrar y exhibir. Negar y exagerar. Una cosa más: necesitar saber, comprender, descifrar todos los misterios de un bebé, de su desarrollo, de lo que nos ocurre en presencia de ese nuevo ser y lo que desencadena en nosotros, en los seres que nos rodean, hijos, cónyuges, padres, hermanos, parientes y hasta los amigos (se acuerda esa chica del trabajo que no podía quedar embarazada, como la miraba, las cosas que le preguntaba?). Una revuelta, una revolución! Todos alterados. Mire como le hablan al bebé, señalan cualquier gesto, se ríen de cualquier cosa, se retan entre sí por lo que el otro le dice o hace al bebe. Todos dicen saber que hacer - hasta que se quedan solos con el bebé. Más finos o más "a lo bruto" esto se da en todas las familias cuando llega un recién nacido. Ni le digo si es el primero de la nueva generación, primer hijo, primer nieto, primer sobrino.

¿Por qué es tan intensa la reacción al bebé? Llega y reina, domina el ambiente, hace que todos dirijan su mirada hacia él o ella. Se disputan su pertenencia, el grado de parentesco mayor o menor, el ascendiente, el parecido, su afecto, el primer mirada, y cuando balbucean sus primeras sílabas todos se siente aludidos: "¡Dijo Abu! Abu! ¡Y me miraba a mi!". Hasta los hermanos celosos, con mala onda (pasajera), le andan buscando defectos, con una dedicación que no ponen en otras cosas: "Son grandes las orejas de Pedrito, viste que grandes? Y como separadas. Es medio Dumbo. Jajaja".

Freud, el padre del psicoanálisis, hablaba del bebé como "Su Majestad el Bebé". Es que tiene un poder que no podemos negar. Los estudiosos de la conducta, de animales y humanos, descubren motivos: cuando la cabeza ocupa cerca de un tercio del tamaño de todo el cachorro, los animales mayores lo reconocen como tal, y eso les despierta un instinto que lleva a cuidar al pequeño. La falta de movimientos[4] o los movimientos lentos, los gorjeos, el tipo de llanto especial del bebé, todos serían estímulos para los animales mayores para cuidar a ese ser indefenso.

---

4 Si tiene oportunidad de estar en el campo, acuéstese en el pasto y verá como vacas o caballos se le van a acercar hasta casi olfatearlo. Esta indefensión de un ser tirado, inmóvil, produce una atracción automática en el animal adulto.

Pero no son instintos solamente. El bebé representa la continuidad de la familia, es su prolongación al futuro. También "engrandece a la Nación" como diría algún político[5]. Es la continuación de la especie. Para muchos, un "bien", una "riqueza" que ayudará a sostener a los padres en la vejez. Hay países que matan más recién nacidos mujeres que varones, una "selección" ligada a consideraciones de sobrevivencias, al sentir que un hijo varón es un par de brazos más fuertes para las tareas primarias, la agricultura u otras formas de subsistencia ligadas al trabajo físico.

Serían instintos naturales de cuidar al desvalido[6], intereses familiares, nacionales, económicos; deberes con la especie, procrear. ¿Eso solo nos mueve? Seguramente que no bastan como motivos. Hay razones muy personales en toda mujer y también en los hombres para tener un hijo, una hija, que es más que procrear en el cumplimiento de obligaciones, deberes e intereses.

¿Y para un bebé? ¿Cómo es ser traído al mundo? ¿Cualquier motivo, cualquier forma, le da lo mismo, y desarrollará inmutablemente, sea cual fuese el conjunto de motivos de su presencia en el mundo? ¿Qué cosas siente, le pasan, piensa?-¿Piensa? -¿Cómo digiere el parto, la recepción que le dan, los primeros días, meses de vida? ¿Qué cosas quiere, qué lo mueve, sus deseos de donde surgen? ¿Tiene planes propios, o viene programado como una computadora? ¿Lo programamos nosotros o la famosa genética? ¿Y eso, la programación, es inmodificable? ¿Por qué algunos salen Einstein y otros Hitler? ¿Cuánto tenemos que ver nosotros los padres, los abuelos, la Sociedad, nuestra cultura? ¿Se puede aprender a ser mamá, papá? ¿Le hago caso a mi mamá o hago lo que me parece a mí? ¿A quién le pido ayuda?

---

5   ¿Todavía los presidentes apadrinan al séptimo hijo varón? O habrán aceptado a las mujeres y apadrinan al séptimo, del sexo que sea?
6   ¿Cómo harán con esos instintos todos los filicidas de los que hablábamos? Todavía tenemos más preguntas que respuestas.

J. Miguel Hoffmann

De estas preguntas podríamos seguir haciendo varias docenas más, y si le agregamos las de todos ustedes no hay libro que pueda responder. ¿Entonces para qué este libro que usted ahora empezó a leer?

Es una promesa más, otra esperanza de descubrir algo, un pedacito de la verdad que todos queremos conocer. El bebé, el nacimiento, es la vida tanto como la muerte, es el ciclo que nos empuja, nos lleva y a veces se deja espiar. Es el misterio, lo poco de "eterno" que tenemos muy cerca. Nos toca muy adentro, en nuestra historia, siempre revisada. Es nuestro futuro, que cada día es más de nuestros hijos y de sus propios hijos. Por eso, Su Majestad el Bebé, nos interesa a todos. A usted que tiene este libro en sus manos, a quien lo escribió, y a todos los que leí para escribirlo, cientos, miles de trabajos y libros sobre el bebé, el desarrollo, la vida, la historia de los humanos, los motivos y razones de su actuar, los mecanismos de su sentir, el origen de sus ideas y pensamientos, el funcionamiento de su cerebro, de su alma o de sus afectos. No se preocupe. No le voy a leer todos esos trabajos. Le voy a contar solo lo que pude entender hasta ahora. Muy resumido, en palabras de todos los días, para que ustedes me entiendan pero también para no olvidarme que lo que estoy contando es algo de la vida misma y tiene que sonar a como es todos los días. Se van a mezclar las cosas que leí con lo que viví, tanto como médico, o psicoanalista, o psiquiatra de bebes como papá y abuelo de varios. Se van a entrelazar también los muchos bebes que conocí, experimenté en mis afectos, no solo pacientes de consultas, sino todos los bebes a los que me acerqué o que me trajeron las madres, los padres por sentirme un amigo de los bebes.

Pero no por escribir estas líneas desde las tripas usted se tiene que perder los conocimientos a los que tiene derecho. Por eso me cuidé de darle un orden y de incluir los temas que por consenso entre mis colegas son considerados los más importantes. En esos temas pensé muchas veces, para dar clases, para escribir algo para mis colegas, o para entender un paciente. Son cosas que discutí con amigos, con otros colegas en congresos y reuniónes. Las ideas principales del conocimiento actual están incluidas en estas reflexiones y si usted quiere estudiar más el tema podrá hacerlo con los numerosísimos libros excelentes que hay. Este libro es solo una introducción, sencilla, en términos corrientes, para las primeras preocupaciones de mamás y papás, sobre el primer año de vida. Pero también para que piense y desarrolle sus propios conocimientos y teorías.

Los investigadores suelen manejar temas muy circunscriptos, cuanto más limitado un tema mejor se puede asegurar que los resultados sean comprobables y reproducibles, dos condiciones básicas para la investigación. En el campo de la investigación, los conceptos deben ser **operacionalizables**. ¡Qué palabrota! Significa sencillamente que tiene que poder transformarse en algo que se puede **medir**. Por ejemplo, el concepto de iniciativa lo operacionalizamos definiéndola como: 1) conducta propositiva – *tiene un fin, objetivo, meta, que se puede distinguir en una observación-*, 2) que no sea el resultado de un acto previo del medio ambiente - *es decir, no es una re-acción a lo que hace mamá o quien cuida y tampoco es un reflejo, aquellas conductas automáticas desencadenas por mecanismos del tipo estímulo-respuesta de base neurológica-* 3) que cada categoría (de iniciativa) tiene un desarrollo que cumple con determinados requisitos obligados y optativos *-por ejemplo, una iniciativa de exploración tiene que cumplir con dos requisitos obligados y al menos 1 optativo de un total de cuatro opciones posibles, para poder ser categorizado como iniciativa de exploración por parte de un observador calificado (es decir, conocedor de éstas definiciones).* Y así más y más especificaciones que forman parte de un Manual de Codificación, construido por los investigadores para cada caso y que debe además lograr la coincidencia de dos evaluadores independientes en al menos el 75% de los casos para ser considerado válido.

No le quiero enseñar investigación, además no es tan simple como para hacerlo en unas pocas páginas. Pero sí quiero decirle de donde sacamos los datos los investigadores y que no los "dibujamos" según nuestras necesidades. Los datos se obtienen luego de una ardua tarea, que lleva muchos años para unos pocos resultados. Esto da lugar a críticas y descalificaciones por parte de quienes prefieren *pensar libremente sin tantas ataduras*.

A eso iba. Los investigadores no hacen filosofía, ni hablan de la vida en general, eso decía más arriba. Pero, una vez terminada la investigación, y sobre los datos obtenidos, podemos hacer lo que otros hacen de entrada y muchas veces sin asegurarse de la validez de los datos de los que parten para hacer sus desarrollos: podemos dar explicaciones, sacar conclusiones, proponer relaciones entre las cosas y hacer proyecciones. Y eso es lo que quise compartir con usted en éste libro: qué ideas me surgieron mientras realizaba y luego de hacer las investigaciones con las mamás y los bebés que ocuparon más de 20 años. Integrando además en esas conclusiones mi otra experiencia, la de "clínico" en salud mental, es decir el que se ocupa de pacientes, de los que padecen por su manera de ser, los que tienen síntomas derivados de su historia personal, de su desarrollo y maduración.

Es decir, en este librito le propongo una manera de comprender el desarrollo de su bebé que le da sentido a los próximos años, los del desarrollo de su hijo o hija más allá de la primera infancia. Para eso hago uso de la combinación de conclusiones obtenidas en 35 años de trabajo clínico y 20 de investigación.

Claro que esto no es una garantía de certeza, es solo un modo de comprender el sentido que tiene el desarrollo humano, tomado desde su comienzo y teniendo en cuenta los primeros escenarios de la relación individuo-medio ambiente, aquello que Ortega y Gasset llamaba "el hombre y sus circunstancias", aquel... dime con quien andas. O el concepto periodístico de Entorno.

En rigor de verdad habría que poder tomar en cuenta muchos más escenarios de interacción, por ejemplo las etapas de escolaridad, el ingreso en la vida adulta, la formación del vínculo conyugal. Y eso lo hacen otros estudiosos, pero todos partimos de la idea de una correlación entre desarrollo individual y las condiciones impuestas por el medio ambiente.

Como el primer año se debe a la concepción y al embarazo incluimos unos pocos temas de ese período. Para no quedar descolgados de un proceso que incluso es más largo todavía que esos nueve meses anteriores. También hacemos algunas reflexiones sobre el resto de las cosas que van a suceder después del primer año, para que vea la relación que pueden tener con ese período y lo que ocurre dentro de él.

Un último comentario: no quisimos hacer demasiado énfasis en las Advertencias, Cuidados, Desvíos de la normalidad. La intención es brindarle un relato de lo que sucede en la gran mayoría de los casos, como transcurre un desarrollo normal.

Al final del libro le cuento un poco sobre lo que son los trastornos más comunes del desarrollo: en el comer, el dormir, el crecer, el relacionarse. Cuando esos trastornos, que aparecen en una u otra forma en cualquier desarrollo, se instala, se agrava, se complica, ustedes se van a sentir desubicados, perdidos, angustiados, enojados. Hablarán, o volverán al pediatra por ayuda. Si con eso no avanzan hasta lograr sentir que retomaron el manejo de la situación, pídanle a su pediatra orientación psicológica. Si no tienen medios, hay algunas instituciones de honorarios reducidos o gratuitos. Algunas Obras Sociales y Organizaciones de Medicina Prepaga también ofrecen ayuda. Si sienten que no logran a lo largo de algunas semanas estar en claro con lo que pasa y como manejarlo, insistan en obtener ayuda.

¡Buena suerte, en este Primer Año!

Agradecimientos

Este libro no se hubiera podido escribir sin los muchos aprendizajes que realizó su autor. Quiero agradecer especialmente a David Liberman que me ayudara a plantearme los primeros interrogantes de una investigación. A Heinz Kohut, que me abrió una nueva perspectiva y me alentó a un prolongado sabático para rehacer mi formación. A Peter Barglow que durante el ´81, ´82 y ´83 me orientó en el campo incipiente de la Primera Infancia y me brindó su cálida amistad. Sus colegas Bryan Vaughn y Lylle Joffe tuvieron paciencia infinita en mi aprendizaje de instrumentos de investigación "dura". El director del postgrado en investigación en el programa U. of Chicago- Michael Reese Hospital, Bert Cohler tuvo la tolerancia de un amigo. (Debo reconocerlo, ni en Medicina, ni en Psiquiatría, ni en Psicoanálisis, habíamos recibido ni un gramo de investigación, ni teórica ni práctica, en los ´60 y ´70). Durante los siguientes 10 años Robert Emde me distinguió con la crítica más implacable y dura, que habitualmente solo reserva para sus propios emprendimientos y los de sus más allegados. Atemperado esto con la calidez de Joy Osofsky, cuando ambos recorrían Sudamérica y en interminables jornadas dedicaban ingentes esfuerzos en formar a tanta gente de Brasil, Uruguay y Argentina. Nos hicimos amigos con ellos y entre nosotros en largas discusiones con Miguel Cherro, los Prego (padres e hijo), Salvador Celia, Lucrecia Zavaschi, Mercedes Freire y tantos otros.

En Buenos Aires todo el staff nombrado, los residentes y pasantes de las tres instituciones que formé para la investigación local, CIATDE, CIAD y finalmente FIDH, la Fundación Infancia, a todos mi agradecimiento. En especial a Carmen Araujo que me acompañó en las tres etapas y a mis dos asistentes,

Constanza Duhalde y Laura Popbla, hoy docentes e investigadoras de peso propio.

A la presidenta de FIDH Cristina Miguens por darnos una estructura y la posibilidad de continuar en nuestros esfuerzos.

A mis amigos Graciela Benito Silva, de quien en realidad hoy depende la continuidad del proyecto, ya que lleva adelante su segunda etapa, el "Proyecto Juego", para el cual ganó una de las escasas becas de la IPA, y Perla (Poppy) Segal por la ayuda en la institución, su aliento y trabajo. A Fernando Segal por muchas horas de discusión sobre el Ser, el psicoanálisis, la vida.

Buenos Aires, Julio 2000

ASPECTOS PSICOLÓGICOS DEL EMBARAZO PARA LA MADRE Y EL BEBÉ

El embarazo psicológico (o, la psicología del embarazo)

El embarazo viene como un deseo que se cumple. Pero no siempre. Esta realidad explica algunos altibajos del humor en la mamá, la que a veces tarda un tiempo en hacerse a la idea del cambio en su vida. Por eso también es bueno que un embarazo lleve 9 meses. Las vocaciones personales, las necesidades materiales hacen que un embarazo también sea una interrupción, algo que se deja a cambio del bebé que viene.

Después están los temores que se mezclan con las ilusiones. ¿Saldrá bien? ¿Tendrá todo? Son preguntas que acompañan las imágenes de lo que papá y mamá ven como su hijo o hija. Su futuro, la felicidad que se le desea se mezclan también con los miedos al sufrimiento, lo incierto del porvenir se mezcla con las esperanzas. Al "¿será nena, será varón?" se mezcla la duda sobre sus posibilidades, sus condiciones, las del mundo del futuro.

A todo esto podemos llamar el embarazo psicológico que tarda un poco más que el físico, porque empieza antes. Las futuras mamás ya sueñan con sus bebés y sus hijos durante los años previos, aún en la infancia de ellas. Es la preparación para la tarea que comienza jugando y después charlando con las amigas primero y el novio después.

Cuando el bebé ya se encuentra en la panza hay diferentes

momentos. Al principio solo algunas mamás descubren los cambios. Otras tardan un poco más. Finalmente el pantalón ya no cierra.

Pero la primera certeza que sorprende de verdad es la patadita. ¿Qué insolencia es esa? Hay una voluntad dentro de una que no es la propia, que se expresa como y cuando quiere. ¡Realmente ese es otro ser que el que uno tiene en la cabeza! Está el bebé imaginado, como uno quiere, y el bebé de la panza que patea cuando se le da la gana.

Esta revelación hace que la mamá se pregunte más cosas sobre el nuevo ser, ya un poco independiente. ¿Puede ser que entre los dos, mamá y bebé, ya exista alguna comunicación? Muchas mamás creen que sí. Y algunos científicos también. Por ejemplo probaron que los bebés distinguen la voz de la madre de la del padre y de la de otras mujeres. Que las mamás alegres, con "buena onda", tienen bebés más contentos que las mamás tristes, deprimidas o muy preocupadas.

Para conocer a este pequeño intruso la ciencia moderna nos regaló algunos aparatitos. Por ejemplo, si escuchamos los latidos amplificados por un instrumento especial, tendremos mucha más seguridad de la presencia. Si vemos una ecografía durante su realización, en los nuevos equipos más que en los viejos, tenemos hasta la imagen con sus movimientos y comportamientos. Sí, es posible ver qué cosas hace el feto de pocos meses, por ejemplo como se chupa el pulgar dentro de la panza, como patea, se mueve, da vuelta.

Escuchar sus latidos, verlo en una pantalla, sentir sus patadas se suma a las sensaciones de peso, la panza que crece, los cambios corporales en los pechos, la restricción en la movilidad. Son todas formas de presencia del nuevo ser. Esa presencia ocupa también la imaginación y las conversaciones con el papá del bebé, con la mamá de la mamá, con las hermanas y amigas, las compañeras del grupo de preparto.

Se va dibujando así la nueva persona, le damos un nombre, le atribuimos un sexo, un futuro. Es así como nos vamos pegoteando con él o ella, empezamos una relación que va a durar toda la vida. ¿Porque cuando es que se deja de ser madre (o padre)? Dice un viejo poema africano que no se puede llamar madre o padre quien no fue enterrado por sus hijos. Entonces es algo que dura toda la vida, que solo termina el día que nuestros hijos nos despiden como nosotros despedimos a nuestros padres.

Esa larga relación pone en estos primeros momentos sus cimientos. Y eso merece un poco de atención, porque queremos que sean buenas bases, buenos cimientos.

La preparación del parto debe incluir entonces algunas reflexiones, algunos ejercicios de comunicación, alguna sensibilización a esta nueva presencia. Porque la comunicación con el bebé se puede practicar, basta con prestarle un poco más de atención a sus señales, sus expresiones, sus respuestas. Pronto las mamás reconocen que sus enojos y tensiones de la vida diaria repercuten en el bebé, que patea más o menos, que se "queja", "que se enoja", que se tranquiliza. Es decir que vive muchas cosas que solo pensamos que le pasan a los grandes.

Además de la panza

Además de la panza, están todos los demás en la familia, que se alborotan con el embarazo. Si usted mamá tiene buen oído va a enterarse de su embarazo por su otro-otra bebé (no tan bebé ya). Sí, los hijos suelen descubrir el embarazo antes que usted. Claro, tienen antenas que nosotros fuimos perdiendo, y detectan que su espacio acaba de ser ocupado por un intruso. No es la panza, es el lugar "adentro" de mamá. A veces el embarazo se detecta en un sueño, esa película que nos comunica con el adentro. La pataleta del otro chico puede ser parecida o diferente a la de papá. ¿Porque la mayoría de los papás tienen reacciones al embarazo, además de alegrarse cuando se les cumple este sueño que compartían desde el noviazgo (y desde el origen de la humanidad!). Las pataletas de papá más discretas son conversadas: "¿Té pasa algo querida? ¡Estás rara!". Las más graves llegan a ser preocupantes y requieren ayuda.

Los abuelos son muchos (ahora hay 5 ó 6 por familia!) y muy diferentes. O están impacientes hace rato, : "¿Y, para cuando, nena?", o muy ocupados: "Ay, este año no me vendría bien, me recibo en la Facu (abuela moderna-estudiante), me cambian el trabajo (abuela laburante)". Los abuelos señores a veces piden que "todavía no" porque les cuesta imaginarse en el lugar del que fue el propio abuelo, sin pensar que hace 50 años era muy distinto.

¿Se acuerda mamá cuando la que la cuidaba era la abuela? De día, de noche, entre semana o el domingo? Bueno, eso tampoco es igual a antes. Las abuelas vienen distintas: más flacas, más lindas, parecen más jóvenes. Y muchas no tienen ganas de jubilarse. O no pueden.

Tal vez usted tampoco pensaba dejarles el chico, "A mi hijo lo crío yo, no como mi mamá que me dejaba con ...".

Bueno, para averiguar todo eso, para ver si lo deja o no, si alguien lo pide, en qué condiciones, horarios, lugar y forma, tiene menos de un año. No se demore, empiece pronto!

De todos modos el papá, la abuela, los abuelos le ayudan a pensar en toda esta aventura tan emocionante; acompañan al médico, al preparto, la gimnasia, ayudan más cuando usted no se sienta del todo bien y sobre todo, comparten la alegría. Inclúyalos, hágalos participar, pídales cosas, muestre sus necesidades.

Los otros hijos -más las mujeres- comparten la excitación del evento. De ese modo se producen todos estos ecos y resonancias que enriquecen tanto y lo van "vistiendo" como el arbolito de Navidad.

El nacimiento

El nombre dado a la emoción conocida como angustia deriva de "angosto". Eso es porque nacer implica para el bebé pasar por un canal estrecho. Hay un momento de angustia al nacer. Además a partir del parto hay que respirar por cuenta propia, ya no es mamá la que nos da el oxígeno y la comida. Tenemos que abrir la boca para recibir el aire, la comida; tenemos que chupar, gritar, pedir. ¡Cuantas cosas que antes sucedían por sí solas!

Es un poco enojoso esto y comprendemos que el recién nacido ha pasado por un shock importante, ¿o no? Démosle un poco de tratamiento especial. Ponerlo sobre la panza de mamá es un buen lugar para sentir que tan lejos no fue la excursión; ese cuerpo, esos latidos los conoce, los reconoce; la voz también. La limpieza puede esperar lo mismo que otras muchas cosas que le hace la tecnología para la salud en manos de los neonatólogos, una necesidad que se puede regular. Pídaselo a sus médicos mamá, el bebé se lo va a agradecer. Sepa que los primeros 45-60 minutos son de una sensibilidad especial donde el bebé está muy alerta y dispuesto a conocerla, conectarse, establecer los primeros lazos.

Los ruidos, los movimientos bruscos lo sobresaltan. Es muy difícil salir de la cuevita con aire acondicionado y amortiguador de ruidos; si el bebé se encuentra con demasiadas luces, alarmas, chicharras, gritos o voces fuertes y alteradas, se lo ve sobresaltado. Por eso algunos médicos y sanatorios han introducido técnicas más amistosas; se habla suavemente, se usa la luz indispensable, el mínimo de aparatos, se cierra la puerta de la sala de partos. Algunos hasta ponen música, que relaja, afloja[7].

¿Y la mamá? Ella también llega a un momento de angustia mezclada con expectativas. Además de la alegría del "gran día" están los nervios. Es un examen, de los gordos. Si es el primero, porque todavía no se sabe como es. Si es el segundo, porque ya se sabe como es. ¡Es un parto! La expresión popular lo dice; un parto es algo que cuesta.

La preparación adecuada es una gran ayuda. Los grupos de psicoprofilaxis son lo que su nombre indica: hacen una higiene de los estados mentales y emocionales de ese ansiado momento. Estar preparados, la mamá y el papá, no es lo mismo que tirarse un lance, "a ver como me sale". No sólo por lo que se sabe de antemano, también por los ejercicios de relajación, conocerse el libreto de lo que va a suceder. Lo conversado con el médico, con la partera, la psicóloga, nos permite adelantarnos y estar preparados para cada paso de lo que va a suceder. Tener las imágenes mentales de lo que está ocurriendo con el propio cuerpo y con el bebé facilita la comprensión, calma la angustia, quita incertidumbre.

El post-parto

Ya estamos en la habitación; ¿con el bebé, no es cierto? ¿O hay alguna mamá que piensa mandarlo a la nursery? Va a estar bien cuidado allí, seguramente. Pero con la mamá también. Eso ya quedó muy claro, con la mamá está muy bien y lo que necesita se le puede dar allí mismo, en la habitación. ¿O acaso no

---

7   L.R. Frédérick Leboyer "Pour une naissance sans violence" Editions de Seuil, 1974.
También, del mismo autor, es muy recomendable el libro "Shantala" Ed. De Seuil, Librerias Hachette, 1978. Este libro describe el arte del masaje del bebé, practicado en la India, y recomendado por Leboyer, para una mayor aproximación amorosa al bebé que entra en un mundo cargado de violencia.

tratarían de estar todo el tiempo posible con algún ser querido que estuvo 9 meses de viaje?

La relación con el recién llegado se construye momento a momento, para todos: mamá, papá, los abuelos y hermanos. Aprenderemos a no fumar delante de él, a hablar en tono normal sin gritar, pero podemos estar alegremente conversando, comiendo o tomando algo, podemos estar de fiesta. Y al recién llegado no le afecta, viene de fábrica preparado para resistir excitaciones y estimulaciones normales de una casa, de una familia. Así que no lo guarden en el ropero, déjenlo ahí nomás en el centro de la reunión familiar. Y disfrútenlo todos, mírenlo, compárenlo, mídanlo. No le hagan lo que no les gusta a ustedes que les hagan: gritar en la oreja, manosear, fumarle en la cara, babosear, pasarse de mano en mano.

De a ratitos hay que estar solos con mamá. Toca el "service", ya sea la comida o la limpieza. Las dos cosas forman el cuidado materno, que puede delegarse en la abuela, pero que es más divertido practicarlo una misma; de entrada nomás. Porque la teta tampoco se puede delegar.

Ya que hablamos de eso. No es solo comida lo que recibe el bebé; además de lo que explican los pediatras sobre las defensas, la inmunidad y todo eso, hay algo más: se empiezan a conocer más íntimamente. ¿Qué clase de persona será este bebé o esta beba? ¿Es apurado, es tranquila, come como un desesperado, patea o mima mientras lo hace? Comilón, dormilón, chillón, rezongón, llorón; ¿conoce esas palabras? Son algunos de los calificativos más comunes. Y definen un modo de ser, de comportarse, que indica algo para el futuro de ella o él, pero también de la relación. Si le toca un rezongón, ¿es lo mismo que un bebé feliz de cara sonriente y sueño profundo? Para usted mamá y papá seguro que no. Para el mismo tampoco.

Además de conocerse durante la tetada, hay una fuerte corriente de afectos que corre en paralelo con la leche. Por algo será que es una de las escenas más representadas en el arte. En psicología llamamos a esto la formación del vínculo. Y es tan importante para la sobrevida, o más, que la comida que se ingiere durante su realización. Del vínculo depende que el bebé quiera comer, lo haga con placer o disgusto, asimile bien o mal, desarrolle buenas defensas, aumente de peso, se interese por el mundo, pueda volcarse hacia afuera con sus iniciativas. También dependerá del vínculo que el nuevo ser pueda armarse un buen "interior", ese lugar de encuentro con uno mismo. Depende de cómo nos trataron en nuestras relaciones más significativas cómo nos vamos a tratar a nosotros mismos.

Se inicia el primer año de vida, que por su trascendencia merece tratamiento especial.

A continuación veremos con más detalle lo que ocurre dentro del primer año. En ese texto se profundizara alguno de los temas incluidos en este breve capítulo sobre el embarazo, por ejemplo la formación del vínculo, el rol de padre, abuelos, cuidadores no maternos y muchas otras cosas.

I. Los primeros seis meses:

Alrededor del nacimiento

Usted ya tuvo su bebé o su beba[8] y durante el embarazo se leyó todo. O preguntó de todo. ¿No lo hizo? Bueno, tal vez tuvo miedo, disfrazado de "poco tiempo", y entonces dejo que las cosas sucedieran. Pero si leyó sabe un montón de cosas; algunas le van a servir. Tanto las mamas que averiguaron como las que no, tienen las respuestas a la mayoría de los problemas. Las llevan adentro, en el corazón o la cabeza, o donde estén.

Hay que poder encontrarlas. Para eso las mamás pasan por un estado especial que casi parece una enfermedad. ¿Porqué enfermedad? Se las nota retraídas, se meten para adentro, prestan menos atención al mundo exterior, pero a la vez desarrollan una enorme sensibilidad que les permite comunicarse, sin palabras, con ese ser en gestación. Tanto en la última etapa del embarazo como en las primeras semanas luego del nacimiento, la madre está en este estado particular de retracción y sensibilidad aumentada, *preocupación materna primaria* (PMP) para algunos especialistas[9].

¿Qué es esa comunicación? Miren al bebé, vean que pocas

---

8   En el futuro hablaremos del bebé, indistintamente que sea varón o mujer porque es más afín a la práctica cotidiana. En cierta manera el bebé es tratado como los ángeles: no tienen sexo, aunque esto no sea así.
9   L.R. D. W. Winnicott explica este concepto en "Los Bebés y sus Madres". Paidós, Buenos Aires, 1993.

señales emite. Duermen mucho, expresan poco salvo el llanto, ni siquiera sonríen, casi ni abren los ojos. ¿Cómo entender lo que les pasa, lo que les falta, lo que necesitan?

Lenguaje de mamá-bebé. Es un "idioma" que para aprenderlo hay que pasar por un embarazo.

¿Entonces nadie que no estuvo embarazado puede criar un bebé? ¿Los papás no sirven? ¿No sirven las enfermeras, abuelas, voluntarias, tías?

Son grados. Se puede criar un bebé, pero con diferencias de grado en el dominio del idioma. Será en" bebé básico" la comunicación, cuando no se es la mamá. La que hace el "curso del embarazo", se sensibiliza, desarrolla esa preocupación especial de mamá, aprende ese "idioma sin palabras".

Esta sensibilidad es la adecuada para la poca tolerancia de los bebés a que les falte lo indispensable, en la cantidad adecuada, en el momento justo, de la mejor manera. Las **necesidades** del bebé.

¡Cuánta exigencia! Si, parece bastante, pero no le resulta así a la mamá. Claro, si además se espera de la mamá que esté para ir a trabajar a la semana o al mes, que vaya a una fiesta, que atienda el negocio, que reciba invitados, que cuide de otros cuatro o cinco hijos, se van a empezar a notar más y mas señales de cansancio, malhumor, nerviosismo. Y se corta la leche. O llora mucho el bebé. O, peor aún, empiezan los problemitas de resfrío, otitis, diarreas, poco aumento de peso.

¿Entonces hay que dejarla sola a la mamá con el bebé y no esperar nada de ellos? Tampoco eso. La mamá necesita "equipo", no que la dejen sola. El equipo se compone con los allegados disponibles. En esto tenemos que ser un poco elásticos, no todas las familias tienen papá y mamá, cuatro abuelos, y un lote de buenas tías. El equipo atiende lo que la madre no puede abarcar, o lo que le facilita esa comunicación intensa, especial y exclusiva con el bebé.

Esta descripción tiene que hacernos más fácil entender los celos. De todos aquellos que quedan afuera de esa relación tan intensa: el papá, los hermanos, la mamá de la mamá, las hermanas de la mamá. ¡Pero calma! Dura poco. En el tiempo de lo que era la vieja "cuarentena" se van atenuando los efectos de la preocupación materna, vuelve su atención para con los demás, pierde la gran sensibilidad y empieza a olvidar. Olvidar esa cantidad de sensaciones e imágenes que se construían a medias entre ella y su bebe. Vuelve a mirar al marido, con toda la mirada y con profundidad, se le hace más clara la cara de los otros hijos, de la mamá, del mundo.

La preocupación Materna Primaria, funciona como un enamoramiento. Y sirve para lo mismo, descubrir al otro en todos sus pliegues del cuerpo y del alma. En el caso del bebé es cuestión de "vida o muerte". No solo en sentido figurado. Le va su vida al bebé en el buen cumplimiento de esta primera etapa. De vida física, tanto como de vida psicológica, de su mundo interno, con la sensibilidad, los afectos y el desarrollo progresivo de lo que veremos más adelante como la maduración psicológica.

Pero esto parece exagerado. No puede ser tanta la responsabilidad de la madre. ¡Es mucho peso!

Ellas no lo sienten tanto como nosotros que escribimos o que leemos esto. Hasta les parece divertido. Seguro es un proceso muy intenso y eso en general es algo que nos gusta a todos. Y se ha hecho miles de millones de veces en toda la historia. Sale solo y después se recuerda vagamente, como los dolores del parto que se van extinguiendo en el recuerdo (y sino no habría segundos hijos!).

¿Entonces no se necesita una mamá "genio"? Parece que no; parece más bien que es una mamá "más o menos" la que se busca. Los que escriben de esto alguna vez dijeron "suficientemente buena". Nada del otro mundo. Una mamá que permita que le "pase eso", de enamorarse, de perderse por unas semanas en ese estado.

¿Qué se lo puede impedir? Que realmente no quiera ese embarazo, o ese chico. (Aun así hay las que "caen" enamoradas igual después de un tiempito.) Que tenga por ejemplo demasiadas cosas puestas en su trabajo, en sus propias necesidades. Que no esté lista. Que no pueda sola. Que le haya ido muy mal a ella cuando estuvo en la posición de bebé. Y otras cosas.

¿Qué hay de tan especial en este tiempo, el final del embarazo y el principio de la vida, esas seis semanas de las que hablamos (la "cuarentena")? Durante ese tiempo el bebé arma los cimientos de su propio Ser, de aquello que va a ser. Se funda la nueva persona. Y lo hace mientras va viviendo, experimentando, la satisfacción de necesidades elementales: abrigo, alimento, presencia de brazos y sostén corporal, atención de sus funciones corporales. Las necesidades son muy elementales, un poco de leche, un poco de calor, un poco de upa, limpiar la cola, lavar y abrigar, una mirada, algunas palabras quebradas en la media lengua de mamas y bebes.

¿Y con eso se hace una persona?

Sí. Pero en el momento justo, en la cantidad necesaria, de la forma adecuada, con un modo apropiado. (No es lo mismo dar una mamadera extendiendo la mano hacia el bebé acostado en la cuna mientras la mama mira la novela que mirarle a la cara o a los ojos, hablándole en voz baja o cantando, sosteniéndolo en los brazos).

¿Entonces no se lo puede dejar llorar al bebé?

Depende cuanto tiempo. No hay teta instantánea; la demora es inevitable. Pero hay límites y razones. Dejar llorar "porque todavía no es la hora" suena más militar que maternal. "Me da fiaca", parece un problema de mama desinflada, deprimida, sola. Pero también están las mamás "cargosas", insistentes con la mamadera cuando el bebé no está listo. El "como" también importa. Bañar al bebé, meterlo en el agua, sin haber puesto el codo primero, lo expone a una cola quemada o arrugada por el frío y el correspondiente chillido. O hacer cualquiera de estas cosas con "mala onda", es decir pocas ganas, irritación, enojo, tono de voz levantado.

¿Qué le pasa a un bebé cuando se quema la cola en el agua? Nada para ir al Instituto del Quemado; es más bien por dentro lo que le pasa. Se interrumpe la quietud de la satisfacción, del placentero bienestar, en la cual el bebé solo es y no tiene que reaccionar ni responder a nada. En cuanto se quema la cola lo sacan de la quietud, se interrumpe una continuidad de bienestar, se corta un tejido de sensaciones placenteras, internas y externas.

Es justamente ese "tejido" de vivencias y experiencias lo que constituye la base sobre la cual vamos armándonos como personas. Es el principio de nuestra historia. Cuando se corta el hilo del tejido, se hace un agujero en la trama, que después hay que remendar.

¡Eh, pero parece que el bebé es tan frágil que no se puede cometer ni un solo error! ¡No habrá mamá que no le erre alguna vez!

Por supuesto que hay errores a diario. Pero el tejido sigue, el agujero se remienda, siempre y cuando las condiciones lo permitan. Digamos que un bebé aguanta una cierta cantidad de "agujeros" por día sin sufrir daños permanentes. Cosa que también cambia de bebé en bebé, hay los que son más sensibles y los que tienen más aguante para los errores de la mamá, o del ambiente, para esos "agujeros". Remiendan más rápido. Ese tejido es **elástico**, se estira y vuelve a contraer. Por eso los especialistas le llaman **elastancia** a la capacidad humana de recuperarse de un golpe, de una impresión negativa, de un traumatismo.

El nido

Esto que contamos que sucede entre la mamá y el bebé tiene que tener un lugar donde desarrollarse, digamos un *nido*. Es el espacio de la protección, de la intimidad, del encuentro. No es que somos "parecidos" a los bichos, nosotros también somos animales y tenemos conductas aprendidas durante miles de años que se transmiten a través de las generaciones. Tan parecidos somos a los animales en nuestras conductas de anidación que ya en el ciclo menstrual cada mujer tiene tendencias y conductas que la preparan para sus funciones de la especie. En un trabajo de 1920 se pudo demostrar que en la primera mitad del ciclo, la mujer se pone linda, se preocupa por su aspecto, se arregla bien, va más a la peluquería. Se prepara para "engancharlo" al otro ingenuo. En la segunda mitad del ciclo se la ve en cambio con más tendencia a quedar en la casa, se arreglan los roperos, se prepara el cambio de ropa, se acomodan las cosas. El nido. En cada ciclo. Y no somos conscientes de estas conductas. Se descubren por observaciones. Cuando finalmente hay embarazo, predominara la hormona de la segunda mitad del embarazo y las conductas de anidación aumentan.

¿Pero si todo eso cambió con los anticonceptivos, de qué me está hablando?

No, no cambio con los anticonceptivos. Va a llevar muchos años cambiar las pautas de conducta determinadas por la biología y por la cultura de miles, millones de años. La mujer quiso y pudo cambiar muchas cosas, pero también pagó un precio por ello, y todavía no recorrimos todo el camino del cambio. Una cosa es impedir el embarazo y otra es modificar las respuestas innatas, para lo cual no basta con estar bien consciente de lo que se quiere.

El nido tiene que ver con el hogar, un antiguo concepto, tan vigente como deseado, a pesar de las muchas dificultades en concretarlo. Claro que hay hogares unipersonales, y cada vez más. Una estadística proyectiva dice que en el "primer mundo" en el 2025 el 75% de los hogares serán unipersonales. ¿Pero por qué asociamos nido y hogar? Porque es uno de los más antiguos derechos a la intimidad, que requiere de privacidad, paz. Esas condiciones entonces: privacidad, paz, intimidad, son el campo donde se cultiva mejor ese enlace entre madre y bebe, lo que llamaremos el **vínculo**.

No solo plumas hacen al nido

Intervienen las personas que ya tienen un vínculo entre sí: el papá del bebé, los padres de los padres, la familia ampliada, los vecinos. En muchos países hay una estructura comunitaria que funciona como una verdadera red de sostén exterior. Lo hace a través de programas para madres, para padres, brindando apoyo material, consejos, educación, grupos de reflexión y autoayuda, centros de información, de lectura o materiales audiovisuales, profesionales especializados. Es decir, el apoyo de la Sociedad en la cual vivimos, ya sea en su expresión inmediata, la de la comunidad, o a través de la más amplia, el Estado.

A veces lo veo como una cebolla. Al cortarla aparecen una serie de capas y en el centro un núcleo. Ese núcleo seria el bebé, sostenido por la primera capa, la mamá y la relación entre ambos. Por fuera estaría el papá y su relación con la mamá; también la relación del papá con el propio bebé es otra capa. Mas afuera vendrían los abuelos, que sostienen a la mamá, al padre, a los dos padres como pareja parental. Después la capa siguiente es la familia ampliada, los tíos, primos, hermanos. En la siguiente capa veríamos a los buenos vecinos, los que apoyan, están presentes. Al final, las diferentes capas de la Sociedad: comunitaria, estatal, internacional.

¡En qué país vivirá este! ¡De que cebolla habla, si casi no hay capas y en cambio tantos agujeros!

Es cierto que las familias están expuestas a muchas carencias, que hay migraciones, mudanzas, alejamientos, enfermedades físicas y psíquicas que impiden cumplir con este papel de apoyo a los más débiles, los más necesitados. Muchos papás no están, o están pero deprimidos, o se emborrachan o pegan en vez de abrazar. Lo mismo los abuelos. ¿Y las abuelas que se fueron a trabajar, estudiar, viajar, empezar con otra pareja? También. ¿Y de los vecinos que podemos decir? Según donde; en las grandes ciudades vemos menos trato vecinal que en los pueblos; en los centros menos que en los suburbios. ¿De la comunidad y del estado, que podemos decir? Es un tema para la discusión y el enojo.

Pero igual se va armando una "cebollita" alrededor de cada recién nacido, chica, con agujeros, con capas que se salen y se ponen de vuelta, pero se arma. Y sostiene el nido, o nidito de pocas plumas.

Ayuda que haya lugar para las cosas que forman parte del anidamiento, la cuna, una silla para dar la teta, una mesa para cambiar, buena agua para lavar, techo. Hoy se mide bastante mejor ese aspecto de la protección al bebé, se llama **Índice de Bienestar** y lo construyeron unos amigos de la Infancia, la UNICEF.

Pero ese índice tiene pocos datos sobre las condiciones humanas que deben formar parte de la estructura del nido. Acá "al lado", en Chile, un grupo de investigadores que pensó en estas cosas, propone que hablemos de varias pobrezas (o riquezas)[10]. La más clara y la que más se menciona es la de la comida y el abrigo (techo, ropa) *pobreza de subsistencia*. La falta, la pobreza también puede ser de *protección*, que es cuando no se dan las capas de la cebolla que corresponden a la comunidad. Después estarían las fallas de *afectos*, una forma de pobreza debida a sistemas sociales que impiden una convivencia de las familias, una mayor conciencia de vecindad y solidaridad. También puede faltar la educación, esa información que nos transforma y nos hace más fuertes y capaces, y sin la cual caemos en la *pobreza de comprensión*. Cuando no podemos formar parte de la vida de

---

10 L.R "Desarrollo a Escala Humana", Max-Neef, M.A.; Elizalde, A.; Hopenhayn, M.; Editorial Nordan-Comunidad, Montevideo, R.O.U., 1993.

la sociedad, porque somos discriminados, por pertenecer a minorías (étnicas, políticas, religiosas), o simplemente por ser mujer o menor, entonces tendremos *pobreza de participación*. Si no nos dejan vivir nuestros valores, que son parte de nuestro sostén, porque son "foráneos" o extraños al medio en el que vivimos (un toba trasladado a la periferia de una gran ciudad), seremos *pobres de identidad*.

Como ven, el nido se forma con muchas cosas, personas, objetos, lugar, pero también valores, pertenencia, identidad, protección. Esto es la "cebolla" de las muchas capas, la suma de condiciones para un buen desarrollo.

La verdad que todos nos hemos ido arreglando con menos que lo que acá se presenta como un modelo ideal. Quienes más quienes menos, todos tuvieron agujeros en su "cebolla" y se arreglaron. Por suerte, el ser humano es resistente a varias cosas. Pero no nos engañemos, sobrevivir es mucho, pero puede haber más que eso en la vida, y las generaciones que vienen merecen el mejor de los nidos. Por lo menos sepamos qué nos falta, que a algunos les falta mucho y que eso tiene que ver con lo que somos como padres o componentes de esos nidos, en la medida que formamos parte de una comunidad, de una sociedad, de un género humano con necesidad de crecer, mejorar.

Nacimiento

¡Ya llegó! Terminé el embarazo, hay nido, se preparo la mamá con su PMP (¿se acuerdan de la preocupación materna primaria?). Hubo parto y llegó.

¿Era lo que esperaba? ¿Más negrita? ¿Menos gordito? ¿Demasiado larga? ¿Medio cabezón? Bueno, es el suyo, es el que llegó y usted lo mira y lo mira y no se cansa de mirar y de mostrárselo a todos. Porque ¡negrita, gordito, largo, cabezón, es el mejor bebé del mundo! Y tiene que ser así, lo queremos y lo vemos perfecto, nos colma y se lo podemos hacer sentir. Y el bebé necesita eso. Ya lo vamos a hablar cuando llegamos al tema de la **valoración**. Por ahora, que recién los presentan, le quiero hablar de lo importante que es esta primera hora. ¿Sabe que el bebé viene preparado para poder en ese rato, 45 o 60 minutos, conectarse con todo, con el mundo con la mamá, con lo que lo rodea? Se llama **periodo sensible**, y es una especie de truco de la naturaleza para que usted pueda darle en ese rato toda la atención que necesita para conectarse con el mundo. Porque después se va a quedar dormido y va a dormir 20- 22 horas por día y ya se acabo lo del gran interés que demuestra en este primer ratito. Mírelo bien, despabílese (¿vio que bueno no haber tenido anestesia total?), busque su mirada, háblele, sonríale, póngalo cerca, a una cuarta de distancia (la mano extendida, midiendo de la punta del pulgar a la punta del meñique) la cara con su cara. Él o ella la están respirando, oliendo, mirando, escuchando, sintiendo en la piel. Tienen todos los canales abiertos para recibirla. Esta "grabando" la mamá, el mundo. Sobre esa base construye después -va enganchando- cada día las nuevas impresiones. ¿También hay quienes lo ponen sobre la panza de la mamá, y sabe lo que hacen? Pruébelo, se van subiendo, arrastrando (**reptando**) hacia el lado de la teta. ¿Vienen preparados o no? Pero hay más: estando despierto él bebé, en los primeros días, téngalo boca arriba sobre el cambiador y tírele -cúbralo entero- con un pañal de género, limpio. ¿Sabe que hace? ¡De dos manotazos se lo saca de la cara! De éstos mecanismos para su propia defensa tiene 50, 100, 500. Por eso no tenemos que tener tanto miedo. Un poco está bien, porque ayuda a cuidar. Mucho miedo, paraliza; a la mamá y al desarrollo del bebé. Algunas de estas capacidades se las puede hacer notar su pediatra, o su neonatólogo. Pídales que le hagan la prueba de Brazelton[11].

---

11   L.R.: Berry Brazelton explica esto cientificamente en "Preventive Infant Mental Health: Uses of the Brazelton Scale". Ch.5, p. 157-202, Volume II, WAIMH Handbook of Infant Mental Health, Wyley, New York, 2000.

(Sí. El mismo de los libros sobre la crianza y el desarrollo de los bebés). Este doctor las inventó primero para investigar a los bebés. Después vio que eran buenos instrumentos para mostrarles a los padres que preparado está su bebé, para que tengan más confianza en sus posibilidades de sobrevivir, de crecer, de desarrollar. Que no los vean a los bebés como un pedazo de masa para ravioles, sin vida propia, sin capacidades.

¿Va a dormir con usted, no? Sino, se pierden un montón de cosas, usted y el bebé. Se lo comparo con afinar la guitarra, o tomar el tono para cantar. **Entonar** se podría decir, cuando dos instrumentos o dos voces se ubican respecto del otro[12]. Eso hacen la mamá y el bebé, especialmente en las primeras 72 horas. Y lo completan en el primer mes de su vida en común. ¿Y para qué les sirve eso? Mire, muy sencillito se lo digo: ¿quiere dormir de noche? Entónese con su bebé lo antes posible, porque si no, no va a haber paz en la casa. Y esto está probado por los investigadores. Los bebés criados en nurseríes (separados de la madre) tienen más llanto de noche y de día. Duermen menos de noche, se despiertan más veces, tardan más tiempo en dormir de noche y estar despiertos de día (**ritmo sueño/vigilia**), son más irregulares en sus horarios de mamada y aumentan un poco menos su peso corporal durante el primer mes.

Claro, puede pasar que a usted le tocó un mal parto, que tuvo cesárea, que hubo complicaciones. No se preocupe, ya se van a entonar el uno con el otro. Pero les lleva más tiempo, porque la naturaleza construye estas variaciones de la sensibilidad que funcionan como "puertas" por las que se entra más fácil. Pero no quiere decir que no se pueda entrar después por la ventana. Si tuvo mala suerte y no se hizo como usted quería, como todos querían,

---

L.R.Pr. (Lectura Recomendada para Profesionales).
12   L.R.Pr. Daniel Stern, en "El Nacimiento de una Madre", Paidós Ibérica, Barcelona, 1999.

porque hubo un problemita, también pensó en eso la naturaleza y le deja abierta una ventana donde se le cerró una puerta.

Ya pasaron las 72 horas. Con suerte, la dejaron quedarse en el sanatorio, clínica, hospital y pudo dedicarse por entero a ese tiempo que se necesita para "enchufarse", para sintonizarse. Porque en casa no es lo mismo. Muchas visitas, otros hijos, el teléfono, las cosas de la casa que hay que pensar y atender. En realidad, hay gente que quiere volver al parto en el domicilio, y hay hospitales en otros países que le arreglan la habitación como su casa, con música, televisión, sillones, un barcito, todo lo que quiera para estar con sus familias y sus amigos en ese gran día del nacimiento. Si, no le puedo negar que a algunos eso les alivia, les hace más fácil el momento, tampoco le voy a negar que me gusta más la idea que el bebé y la mama tengan un rato a solas. También con el papá, a solas el papá con el bebé, a solas los tres. "A solas" acá quiere decir que el papá mira y no se mete, o que la mamá le pasa el bebé al papá y se queda quietita mirándolos como se sintonizan. Si los abuelos, tíos, hermanos, parientes y amigos podrían quedarse así de quietitos, estarían bienvenidos. Pero hay que tener una sensibilidad especial para poder captar lo que está pasando en ese momento, ese sintonizarse, conocerse, descubrirse tiene un tono casi religioso (en el doble sentido de algo solemne, una ceremonia con algo supremo; pero también en el otro sentido, el de la palabra de origen religare que significa religar, atar, vincular). Es mejor entonces tener un tiempo a solas. Ya va a venir la parte de presentaciones al resto, el ruido, la familia y todos los estímulos de la casa.

Este proceso de sintonizarse, de entonarse con el bebé, es facilitado también por otros mecanismos. Por ejemplo, él bebe cuenta con la capacidad de **sincronización**. ¿Qué quiere decir esto? Le cuento las experiencias de unos investigadores: Registraron la voz de la madre con un aparato que "dibuja" las ondas de la voz, cada vez que la madre habla. A la vez registraban con otra máquina los movimientos que hacia el bebé, los que también se "dibujaban "sobre un papel. Al comparar los dos dibujos se descubrió que los movimientos del bebé siguen los ritmos de la voz de la madre, su intensidad es parecida, la duración también. Es decir, el bebé se mueve al ritmo de la voz de la madre, imita su intensidad, sigue mientras dura la charla de la mamá; está **sincronizado** con la mamá.

Le cuento otro experimento: una mamá canta una canción mientras está embarazada; siempre la misma durante varios meses del embarazo. Después de nacido, se hace cantar a la mamá la canción que le cantaba al bebé durante el embarazo, pero también se le hace cantar al papá y a otra mujer. ¿A quién presta más atención el bebé? Siete veces mas a la madre que al padre y cuatro veces mas a la madre que a la otra mujer. ¡Y es recién nacido! Eso es otro ejemplo de sincronización, de preparación para la sintonía

Durante las primeras semanas se completa entonces esa adaptación recíproca, la sintonización y se establecen los **ritmos** del bebé: para comer, para dormir, para conectarse, para hacer sus necesidades (por reflejos = mecanismos automáticos) ligadas a su comida.

¿La teta o la mamadera?

No es la pregunta del millón, por más lío que se haya hecho con este tema. Hay libros sobre esto y muy buenos. Pero es como todo, si usted quiere ser mamá por un libro o por 300 se va a embarullar la cabeza. Si usted **usa** un libro para sacar algo, informarse un poco, salir de una duda, use los 300, use todos los que quiera. Si usted quiere **atarse** a lo que dicen los libros, tírelos. Mejor busque el trato personal con alguien que le puede hablar de los problemas con la teta, de sus ventajas, de cómo salvar los obstáculos. Hay algunos médicos que se especializaron[13], pero sobre todo hay instituciones, organizaciones que han hecho de esto un sistema de ayuda de persona a persona. Son otras mamás las que le hablan, le explican, pero antes la escuchan. Busque **La Liga de la Leche (LLL)**, o **Ñuñu**. En estos grupos se desarrollaron técnicas que le permiten incluso a una mamá adoptiva desarrollar leche sin embarazo ni hormonas, con el simple truco de hacer chupar al bebé del pezón que tiene una sondita pegada de la cual sale leche de un recipiente que sostiene la mamá. Esto. Repetido suficientes veces, desencadena en la mama la producción de leche por el estímulo de succión.

La teta es importante para el *religare* del que hablábamos al nacimiento. Es un contacto muy íntimo, que acerca mucho, que permite una mirada de ojo a ojo justo a la distancia optima, llena al bebé de olores, lo rodea del brazo materno, permite jugar con un dedo o dos sobre sus cachetes. ¿Quién no lleva dentro una imagen de esta escena como expresión de la maternidad? También ata por los horarios, la teta es más difícil de delegar, ya no hay amas, y se seca cuando se interrumpen las mamadas. La chupada del bebé se transforma en un deseo de la madre con la teta hinchada de tanta leche, le da alivio, le produce estimulación, le da placer de todo tipo. Para el bebé es mejor el pezón que la goma, la teta tiene otro calor, otro olor, produce un estímulo en toda la cara, el cuerpo, los cachetes. ¿Necesitamos hacer la apología de la teta?

Pero puede no ser posible y entonces no hay que pensar que el bebé se pierde su desarrollo fundamental, que le falta lo más importante, que la pérdida es irreparable.

Lo principal es el acercamiento, el placer compartido, la alegría de los participantes, el encuentro, los juegos, las miradas, los contactos, las caricias. Y eso se hace con la mamadera también.

---

13   L.R." Beccar Varela,Carlos, "El Arte de Amamantar a su Hijo" Ed. Macchi, Buenos Aires, 1988.

¡Sonrió!

Pero no esa mueca que hace a veces cuando no pasa nada especial. No. ¡Sonrió de verdad! Es decir, le sonrió a usted en respuesta a su propia sonrisa, y la acompaño de brazadas y pataditas.

Bueno. Su bebé acaba de cumplir seis semanas. Día más, día menos. Esa sonrisa es un pasaje a otra etapa del desarrollo. Es la sonrisa voluntaria que inaugura la nueva comunicación de la cual el bebé es capaz ahora. Esa sonrisa es una **conducta social** y se describe cómo el **primer organizador** del comportamiento. Fue descripto por René Spitz hace mas de 50 años como una etapa fundamental, en la cual el bebé pasa a ser un ser humano con capacidad de comunicación social de sus estados[14].

¿No le llama la atención 6x7= 42? Se termino la cuarentena. Es el final de una etapa en la cual la mamá estaba solamente, principalmente para el bebé. Cuando la mamá ve la sonrisa **intencional** del bebé está empezando a desprenderse del bebé. ¿O será al revés? ¿Cuando la mamá empieza a desprenderse del bebé, éste aprende a sonreír? ¡Quién puede saber! Pero estas cosas están sucediendo al mismo tiempo, la mamá se empieza a alejar, el bebé empieza a comunicarse mediante señales que son universales, de todas las razas, países y culturas. Con esa sonrisa empieza a enganchar montones de otros candidatos a la mirada, la atención, el acercamiento, la comunicación. La sonrisa es un instrumento de comunicación muy poderoso y más si viene de un bebé. Es un espectáculo ver a todos esos adultos, a veces formales y serios, -o personas "importantes" - como se ponen en cuatro patas, como hablan de manera ininteligible,- con sonidos rarísimos, haciendo muecas increíbles, colorados y con los ojos brillantes, alrededor de un moisés o de una de esas

---

14   L.R.Pr. René Spitz, "El Primer Año de Vida", Fondo de Cultura Económica, México, Argentina, 1989.

reposeritas con un bebe adentro.

Es decir, el bebé esta preparado para "perder" a la mamá de los primeros tiempos, esa interprete única, intensa, incansable. Y mamá queda libre para girar, darse vuelta, mirar de nuevo al marido como en los "primeros tiempos" de ellos. Y hace falta, porque muchas veces quedaron "heridos" con ese "nuevo" que vino y se quedó con la mamá para el solo! Pero no solo el marido, los otros hijos también si los hay, necesitan un poco de la mamá en cuota extra. El embarazo, el parto, el recién llegado, todo eso se consumió un montón de mamá. Y es así como muchas mamás se sienten: muy consumidas. Así que no son solo quejas en los demás habitantes de la casa. ¿Cómo era lo del nido? Todos ponen, como en la perinola.

De la sexta semana al sexto mes

De la sexta semana hasta el sexto mes, para hacerlo más fácil, van a recorrer juntos otro periodo, van a pasar otras cosas. Le podría hablar de algo que se lo debería haber contado el pediatra: que el bebé va a sostener la cabeza a los tres meses, que a los seis se va a quedar sentado solito; después, el tema de las vacunas, y que empieza la papilla entre el cuarto y el sexto mes. Pero esas cosas las va a ir averiguando con el médico, las amigas, la mamá, la experiencia.

Mejor vamos a ver algo que es importante que usted entienda, el **desarrollo emocional** de su bebé, que ocurre en este tiempo.

Desarrollo emocional primitivo

Piense cuando usted lo tiene al bebé en sus brazos. Podría ponérselo debajo del brazo, como si fuera el diario o una flauta que compró en la panadería, o un juguete de los chicos que va a guardar. Pero no es así como lo tienen las mamás, salvo que estén muy enfermas. En una película mostraban a una mamá muy deprimida que iba al psiquiatra y mientras le contaba sus problemas llorando, dejó el bebé sobre sus rodillas, allá en la punta de las piernas, no contra el regazo. La sensación de todos los que veíamos la película era de mucha angustia, ese bebé podía caer en cualquier momento, ya que las manos de la mama expresaban con gesticulaciones sus angustias y problemas. Usted no lo hace así, ni cuando mira la telenovela. Lo tiene en un brazo, apretado contra su cuerpo, suavemente, y con el otro brazo libre suele cerrar el círculo, o acariciar la cara, el cuerpo, la manito. ¿Y el bebé que hace? se pone blandito, y su cuerpo recorre las curvas del suyo hasta que ambos quedan pegados centímetro a centímetro.

A eso lo llamamos **amoldamiento**, el bebé se moldea con el cuerpo de la madre. Cuando no hay amoldamiento, cuando el bebé se pone duro, rígido, como un palo, ya empezamos a pensar que algo no anda bien. Una mama se quejaba que su bebito le clavaba el codo en las costillas; -" me lastima, de tanta fuerza que hace, y cuando lo miro, aparta sus ojos - ". En ese caso pudimos hacer un diagnóstico de dificultad en la relación madre-bebé, consecuencia de una larga interrupción del contacto entre ambos, por una internación por complicaciones post-parto de la madre. En unas pocas reuniónes la mamá y el bebé pudieron hacer las paces, cuando cedió la irritación de la madre a las respuestas del chico y acepto hacer una reconexión, paso a paso, descubriéndose así el uno y el otro.

Pero usted no lo tiene como un diario debajo del brazo, no lo pone sobre sus rodillas ni siente que el bebé le clava el codo. Están juntitos, están amoldados, el bebé esta sostenido. ¿Y eso, que le produce al bebé? Primero que nada la sensación que esta sostenido, que no se va a caer.

¡A quien se le ocurre que un bebé tiene miedo de caerse! ¿De dónde va a sacar el bebé ese miedo? ¿Cómo se lo imagina?

Lo saca de la primera vez que un movimiento inesperado le hace sentir que existe el movimiento inesperado, hacia cualquier lado, en general hacia abajo por la fuerza de gravedad. Se resbaló unos centímetros mientras lo cambiábamos de brazo, en un pase de mamá a papá hubo un momento de inestabilidad, un movimiento del bebé toma de sorpresa a mamá y se desliza unos centímetros. Ni que hablar cuando hay muchos hermanos y la de 6 quiere tenerlo en brazos -un "ratito nomás" - al hermano recién nacido. ¡Montaña rusa! Para arriba, para abajo, para cualquier lado.

Entonces sostén es no caer y caer es un susto bárbaro. Para todos. Sino miren los que ni se pueden asomar a un balcón (¿les habrá ido bien con esto del brazo de mamá?). Es una cuestión de seguridad, un **sentimiento de seguridad** que desarrolla el bebé según sea el sostén que haya tenido.

Pero no es eso solo. Miren los brazos del bebé, a veces volando por el aire dentro de la cuna, sus piernas pateando para todos lados, su cabeza que cae a la izquierda, a la derecha, o adelante y atrás según este acostado o levantado. Es una especie de flan eléctrico. Flan, por blandito, pero de golpe, eléctrico por los respingos.

Cuando lo sostienen en brazos de mamá o papá, esos brazos que rodean le juntan todas las extremidades contra el cuerpo, le dan cierta contención, lo "arman" al bebé. ¿Escucho hablar que antes se fajaban a los bebés con unas cintas? Parecían momias egipcias. Lo hacían para que no se lastimen rascándose la cara, para que no revoleen tanto los miembros. También estaba la idea que con eso se los "educaba" para el control. Importaba mucho el control en la educación de antes y ahora nos parece exagerado fajar a los chicos, si basta con tenerlos!

Entonces los brazos sostienen para no caer y arman el cuerpo del bebé, lo contienen de sus movimientos todavía poco coordinados, de las descargas que se producen a través de la musculatura.

Hay algo más. Recuerdo otro paciente, un adulto, que cuando sentía mucha angustia se acostaba en el piso y rodaba por la habitación. Descubrimos que él necesitaba sentir su propia piel en contacto con algo. O ponía la cara contra un vidrio frío en invierno, o pegaba con todo el largo del brazo contra las paredes y la espalda también. Todas formas de sentir los límites del propio cuerpo, la piel como un órgano de contacto entre el afuera y el adentro. Después hubo una forma de tratamiento, el "rolfing" que se basaba en estas mismas técnicas de aumentar las sensaciones corporales sobre la piel. Pero eso es lo que hace el cuerpo materno cuando sostiene al bebe y lo que el bebé aumenta amoldándose!

Entonces sumamos ya tres consecuencias: sentir el propio límite y el propio cuerpo a través de un choque o contacto con otro cuerpo; el sostén para no caer y la contención y reunión de las partes del cuerpo. A este conjunto se le llama la **integración**, aquello que se reúne, que se "hace uno". **Sostén igual integración**, como primera consecuencia del sostén materno, que se constituye así en generador de una consecuencia sobre la percepción del bebé de sí-mismo como una **unidad**.

¿Y eso qué importancia tiene? Cualquiera sabe que es uno solo, que tiene brazos y piernas y cabeza y piel pero que eso forma un todo, una persona.

No. No todos funcionan como "uno solo". Hay quienes dicen que "la mano no me responde", "no puedo juntar lo que veo con lo que pateo" (ven la pelota pero patean al lado de la pelota, el pie va para otro lado). Así, en el deporte, o en las manualidades, en los juegos, en el baile, todos aceptamos nuestras limitaciones de integración. Pero hay efectos más fuertes.

En un libro cuentan de un paciente que tropezaba "porque los pies no estaban unidos con la cabeza y no se enteraba de los obstáculos".

Eh, ¡pero esos son locos!

No. Con la mano en el corazón, ¿nunca le pasó de oírse hablar y sentir que era imposible que usted estuviera diciendo lo que decía? ¿O sentirse un robot? ¿O sentir que lo que pasaba era una película y no la realidad? ¿Nunca dijo, hoy ando en piloto automático, parezco una computadora, o frases así?

Claro, es en chiste, pero tiene que ver con estados de no integración que usted vive por presiones, por algún problema, algo que es pasajero, que no llega a preocuparle. Ah, y tampoco es culpa de su mamá y los abrazos de ella cuando era chiquita. Nunca logramos mantener la integración en forma total, para siempre y sin interrupciones. ¡Gracias que aprendemos a tenerla por ratos más o menos largos!

Veamos otra parte del desarrollo emocional. El bebé tiene hambre. No es la misma hambre que sentimos nosotros. No es igual porque ya aprendimos a pasarnos la película del menú y con eso nos entretenemos hasta que llega la hora, o charlamos y nos distraemos hasta que el mozo trae lo pedido o mamá sirve la mesa. (Ojo que muchos miran televisión para "distraerse" de lo que sienten en relación con la comida, el hambre, la espera, la cantidad, la satisfacción y todo eso).

No, no es igual. El bebé tiene otra hambre. Por lo menos el primer hambre (y varias docenas de siguientes episodios de hambre también) es **sin** la experiencia de comer, de satisfacerse, de calmarse. Es un agujero en la barriga, con la sensación de falta de algo que ni se sabe como huele, gusta, llena ni mucho menos de como se llama. Produce la sensación de que algo terrible está pasando, es más, que a uno le va a pasar algo malo, como cuando nació y se asfixiaba, estrangulaba, apretaba en ese tubo que no tenía fin. Una sensación que nos hace chillar de solo leerla. Y eso hace el bebé, chilla hasta que vienen los bomberos, o sea la teta. La mama suele estar preparada, alerta rojo cuando empieza a gotear el pezón y el bebé no se despertó. O mirando el reloj: "¿Qué le pasa a Pedrito que se le paso la hora?" (¡Son cinco minutos nomás!). Así que en general, al primer chillido la boca se llena de algo tibio, dulce, blandito. Empezamos a tragar, el agujero se va cerrando, la desesperación disminuye, nos corre calor por las venas, respiramos tranquilos, traspiramos un poquito, y hacemos unos ruiditos de placer que son la anulación del chillido en la contabilidad interna nuestra y de mamá. Al final nos quedamos dormidos y nunca paso nada. De golpe, de nuevo ese agujero, ese estrangulamiento, esa intranquilidad sin nombre, ¡esa necesidad sin un deseo de lo que calma! Así, a los tropezones, vamos juntando lo que angustia con lo que calma, se va formando una red de conexiones y aparecen las primeras impresiones repetidas: el olor de mamá, el gusto de la leche, la temperatura del pecho, la respiración de mamá. Los latidos del corazón de ella, la voz que ya conocíamos nos permiten organizar las primeras conexiones: "agujero" + boca llena, estrangulamiento y angustia+ algo tibio que tragamos, desesperación + la voz de mamá (aunque no entendemos el "ya va, ya va", sabemos que está ahí).

Eso es algo que sucede alrededor de la boca y nuestras necesidades. Pero esta palabra, **necesidades**, se refiere muchas veces a "la otra punta", a lo que sale después de comer y al final del tubo digestivo. Pis y caca, son lo que discretamente se llama "hacer sus necesidades". Y el bebé las hace desde el primer día. Entonces viene la rutina de cambiarlo, lavarlo, limpiarlo, el algodoncito, la crema, el pañal nuevo y el baño, todo eso que tenemos que aprender a hacer solos lo hace mamá o papá por nosotros. ¿Y que nos **hace** después el que nos hagan esos cuidados? ¿En que nos cambia?

Por momentos el bebé disfruta la sensación del pis calentito o de la caca. En general, después de un rato cuando se enfría, o cuando por alguna irritación de la piel le pica, el bebé pasa por otra situación que desconoce, que ignora cómo termina. Se asusta, se molesta, chilla; solución clave para todas sus molestias. Las mamás ya saben que ese chillido es distinto al del hambre y después también verá que es diferente del que el bebé hace cuando le duele el oído, o cuando tiene frío. Serían diferentes "dialectos" del idioma-llanto. Acude entonces para sacar, limpiar, acomodar, secar, volver a cubrir. Y el bebé vuelve a sentirse confortable, cómodo, y en vez de decir gracias se duerme. Bueno, después de la sexta semana, como veíamos antes, es capaz de sonreírle a mamá, en respuesta al blableteo de ésta, a sus manos cuidadosas recorriendo el cuerpo del bebé, el algodoncito por la cola, el talco con caricias, el beso en la panza descubierta, enterrando la nariz -con mucho ruido-, ¡sino no tiene gracia!

Imagine un pianista. Puede pegarle a las teclas como con un martillo o pasarle por arriba como una brisa, y entre los dos extremos esta toda la gama que maneja un artista. La mamá es igual. Las teclas son el cuerpo del bebé, su piel, sus orificios, sus miembros. El pianista es la mamá que sacara sonidos horribles o un concierto de Mozart. Será Arturo Rubinstein o "la nena que empezó hace tres meses en el Conservatorio de la esquina".
Y al bebé le llega eso como a nosotros en la sala el arte del ejecutante. Aplaudimos o chiflamos. El bebé disfruta o sufre de los cuidados maternos.

¿Qué le representan esos cuidados? ¿Qué tiene que ver con sus emociones?

Bueno, ya dijimos cuando hablamos de las conexiones entre sufrimiento y cuidados durante la comida; al agujero en la panza se le agrega con el tiempo la sensación de boca-llena-de-leche. Acá es fácil trasladar el ejemplo: pica la cola, ardor, sufrimiento, susto y después las manos de mamá, limpiando, confortando, aliviando, eliminando el malestar, acariciando con el talco, bienestar, sueño o sonrisa, según la edad.

Lo que queremos destacar acá es que **se juntan dos tipos de experiencias, en el cuerpo y en el corazón/alma, en las emociones.** ¿Qué es esto? El malestar del cuerpo, cola que pica, es reemplazado, **gracias al cuidado materno**, por la experiencia de confort, calma, bienestar del ser limpiado, cambiado. Ese "juntarse" del cuerpo y del alma es la experiencia de **unidad psicosomática**, o sea, de unidad entre cuerpo y psiquismo (psique=alma), entendiendo por alma el lugar donde se desarrollan nuestras emociones y sentimientos, pero también nuestro conocimiento de nosotros mismos.

Quiere decir que el cuidado materno nos va **integrando de dos maneras: 1) junta nuestras partes del cuerpo en el abrazo y sostén; 2) nos junta el cuerpo necesitado con nuestra alma/ emociones mediante los cuidados corporales.**

Pero ¿qué es eso del "conocimiento del mundo" que viene con la integración alma/cuerpo (psyche-soma)?

Se lo trato de explicar así: el bebé es llevado al pecho, siente el olor de la teta, sin abrir los ojos extiende la mano hasta tocar el pecho, desliza la mano, acaricia, o la deja quieta. Esto desde muy temprano, primeros días. Ya después de unos meses, con los ojos abiertos, mete un dedo en la boca de mama mientras sigue chupando alegremente. Tiene algunos meses, tres o cuatro. ¿Qué pasó en ese tiempo transcurrido desde los primeros días a los primeros meses? Maduró el sistema nervioso, el bebé aprendió a juntar los sentidos con los movimientos y ahora, "donde pone el ojo pone la bala ". Sus movimientos adquirieron la capacidad de ejecutar operaciones más complejas, orientándose con los sentidos del tacto, la vista, le sensación de posición de sus propios miembros y **coordina, integra** todas estas informaciones y las deriva a la realización motriz. Es más, en el caso concreto del dedo en la boca de mamá, se suma ya una cosa parecida a una idea, a una intención; pensamos que ese **gesto** del bebé tiene un significado: quiere alimentar a mamá como mamá lo alimenta a él, quiere ser como mamá.

Pero esto es una **teoría**; y podemos estar equivocados. El hecho es que entre los primeros días y los primeros meses, la maduración permite un crecimiento en la complejidad de las operaciones que realiza el bebé sobre su medio ambiente.

Al poco tiempo lo veremos extender su mano hacia un móvil, hacia una cara conocida. Pronto tomará objetos en su s manos y los **explorará**. Todo mediante este aprendizaje de juntar la información de los sentidos con el movimiento, lo cual a su vez lo faculta para ampliar aún más su **información** sobre lo que toca, explora, realiza.

Pero el conocimiento,¿tiene que ver con los movimientos que hacemos? Sí. Tiene que ver. ¿No se acuerda cuando "aprendió a escribir"? ¡Y eso que ahora no se enseña más caligrafía, ¡pero qué esfuerzo! Sacábamos la lengua, levantábamos la ceja, suspirábamos y el brazo, la mano, los dedos parecían de plomo. ¿O sino, no vio esa gente que "piensa en voz alta"? ¿Todo lo que piensan lo van diciendo, mueven la boca, a veces las manos y los brazos, los gestos de la cara, como si no pudieran pensar "para adentro, quietos"?

Si sumamos entonces, tendremos que los cuidados maternos nos "hacen uno", nos dan emociones asociadas a estados del cuerpo y la necesidad satisfecha, nos enseñan a aprender, mediante la integración de los sentidos con nuestros movimientos.

Pero todavía hay algo más. Tenemos que ampliar un poco la

historia de las primeras vivencias del bebé, de sus necesidades y como las vive. Hablamos del hambre-agujero-en la-panza-catástrofe. Eso parece un poco demasiado, que cada vez que tiene hambre, ¡el bebé siente que sucede una catástrofe! Pero en realidad es y no es así. Es así en la medida que él bebe no tiene todavía la experiencia de "barriga llena corazón contento"; por lo menos en la primera experiencia de hambre. Pero cualquiera que haya tenido alguna experiencia tipo catástrofe o grave, ¿se la puede olvidar así nomás? Al día siguiente de un accidente, ¿se siente igual? ¿No tiene nada de miedo? ¿Pasaría por la misma esquina?

Lo curioso es que el bebé, después de satisfacerse, se calma inmediata y totalmente, (salvo que lo hayan dejado demasiado tiempo); no piensa en "la próxima vez". Pero cuando le vuelve a pasar, el hambre-agujero-catástrofe, tampoco se acuerda de la última vez, de la satisfacción, de la quietud. Por lo tanto, la primera experiencia de satisfacción, es un modelo, pero no sirve para "enseguida"; necesita repetirse varias veces, muchas veces, y ahí se empieza a juntar una cantidad de **impresiones o vivencias** que van formando una idea que al dolor sigue la calma, que la catástrofe no se produce, es solo una amenaza que mama logra aventar con su socorro.

Para ser más detallistas, tenemos que decir que algunos especialistas piensan que el bebé tiene "adentro de la cabeza-alma-espiritu "una pre-idea, un pálpito bah, que a este problema alguien le invento una solución. Que a una amenaza de catástrofe por agujero-en-la-panza alguien le invento un surtidor-de-leche-caliente-en-la-boca, que hacen juego.

Si bien no todos los "bochos" están de acuerdo con esa idea del pálpito, todos acuerdan en cambio en que a la primera experiencia de calma le sigue un proceso dentro del bebé por el cual éste va armando un "identikit" de la solución. Se hace una **imagen o representación** de lo que es la solución a su problema-catástrofe. Con el tiempo entonces el bebé tiene una especie de "foto de la teta" (como las fotos de los chicos que llevamos de viaje) que cuando el hambre aprieta sirve para **imaginar** la solución. Al agujero el bebé le responde "haciéndose la película" de la solución.

Pero ahora le tenemos que agregar a esta descripción un significado importante para entender el desarrollo del chico durante el primer semestre de vida. Si el bebé esta de pronto ante el hambre-agujero-catastrofe, empieza a recurrir a sus recursos y saca la "foto" más o menos armada que tiene de su solución. Se representa la teta, como en un escenario en una obra de teatro, olores, colores, formas, sensaciones cutáneas. Y de golpe, ¡zac! Esta la teta. De verdad, ahí delante, o en la boca.

¡Magia! La puso el bebé. ¡Se siente Gardel, ¡le salió!

Esta **ilusión** le permite al bebé varias cosas: 1) **seguir existiendo,** su existencia no está amenazada por la catástrofe de la no-teta; 2) el "identikit" de la teta crece con el agregado de nuevos elementos tomados de la teta presente (una forma de ir completando el escenario con más "decorados"); 3) con esto la teta de "adentro" se va pareciendo cada vez más a la teta de mamá, aunque nuca serán idénticas y siempre retienen algo de Imaginario; 4) creer en su capacidad de resolver por la vía de imaginar, **de ver dentro de sí, en un escenario, la representación de lo que necesita o desea. Es el principio del pensamiento como instrumento.**

¿Pero qué pasa cuando recurre a "la galera", mete la mano y no saca la teta, la teta no aparece?

Mamá tardó mucho, no está, está deprimida y no responde. La ilusión se rompe. El cuidado materno no se produce, no hay calma ni satisfacción. Se corta el camino de la integración, de juntar cuerpo y alma, de aprender. El bebé acaba de sufrir una **de-privación**, no una privación simple del cuidado. Es un **de**-privación, es sacarle algo que tenía, como su ilusión, su experiencia pasada de encontrar satisfacción a su necesidad. Queda desprovisto de lo que tenía. Y entonces **re-acciona**, tiene una respuesta que le lleva esfuerzos: gritar, patalear, revolverse. Durante ese tiempo siente que no puede ser, que ya no existe.

¡Otra vez la catástrofe!

Un poco sí, otra vez una catástrofe. La historia al principio suele ser así de dramática. La descripción del origen del mundo tampoco es tan idílica y suavecita: explosiones, fuego, volcanes, marejadas, vientos huracanados, tempestades, hasta que de a poco se va calmando todo y de la primera quietud surge aquel primer ser viviente, aparece el verdor, los primeros animales, el orden se establece de a poco.

Pero no desesperemos. La naturaleza inventó muchos mecanismos para resguardar lo que es frágil. Los seres humanos tenemos capacidad de absorber impactos y transformarlos en experiencias, aprender. Gozamos de ciertas ventajas al principio de la vida, por ejemplo algo que llamamos **elastancia**. Es una propiedad de ciertos cuerpos de volver a su antigua forma después de sufrir una deformación. Esto es aplicable para la vida emocional del bebé que también tiene una especie de **elastancia** aunque no es una goma o un elemento físico como un amortiguador. Pero funciona así. El alma recupera su forma luego de una deformación, de una de-privación. Esto funciona más o menos, según cada individuo y tanto no sabemos todavía sobre esta función, pero si podemos decir que la tienen todos.

Pero además, si la experiencia no es muy grave (no demasiado larga, ni en un momento demasiado crítico para el bebé), tiene la posibilidad de **retocar** la escena mediante la mente, su imaginación, que le dan a la escena lo que no tiene. Se "rellena" un poco la realidad, se la arregla, retoca.

71

Necesidad > ilusión > satisfacción > desarrollo.

Necesidad > falla ambiental > fracaso de la ilusión > de/privación > elastancia > recuperación.

De estas ecuaciones podemos hacer múltiples combinaciones, trazando así diferentes caminos de vida, de desarrollo y crecimiento o de detención, falta de integración, con sus secuelas hasta llegar a la enfermedad. Pero de eso, después. Por ahora nos quedamos dentro de la salud: como son las cosas cuando todo anda más o menos bien.

Como este tema fue muy largo, vamos a hacer un pequeño resumen:

1) La madre[15] **sostiene** al bebe; reúne todas sus partes, cabeza, tronco, extremidades y las mantiene juntas, en su abrazo dado por su tronco y brazos. El bebé se **amolda** al cuerpo materno. Esto le permite "hacerse uno, de una pieza", lo **integra**.

2) La madre prodiga sus cuidados a las necesidades corporales del bebé: de alimentación, de limpieza, de abrigo. Este **manejo** produce en él bebe la asociación de la necesidad corporal con la respuesta emocional de su satisfacción, a manos de mamá. En este proceso se junta **psyche = emociones**, con **soma = cuerpo**. Esto le permite al bebé **habitar su propio cuerpo**, que sus emociones estén dentro del perímetro de su piel, es decir en su cuerpo, en una unión-asociación que le garantiza la salud (física y emocional).

3) Ambos procesos - diferentes formas de integración o integraciones de distintos aspectos del mismo ser- determinan también el **aprendizaje**, la adquisición de conocimientos, a través de la reunión-integración de las sensaciones con los movi-

---

15 Decimos madre y pensamos en madre, pero también en papá -si debe, casi siempre puede- o en la cuidadora sustituta, un tema que tratamos más adelante.

mientos (acariciar el pecho, meter el dedo en la boca de mamá, tirarle del pelo).

4) Mediante la **experiencia de ilusión** el bebé imagina la solución a sus necesidades, y un cumplimiento frecuente de sus ilusiones en coincidencia con la **realidad de la satisfacción** otorga mayor "realidad" a su imaginación.

5) Las pequeñas "fallas" en la satisfacción son resueltas por medio de la **actividad mental** una especie de "retoque" o la posibilidad de comprender la falla con lo cual mamá vuelve a ser "perfecta".

II. Los siguientes seis meses, hasta cumplir el año

En los primeros seis meses vimos cómo se completó el **desarrollo emocional temprano**, esos fundamentos para todo desarrollo posterior, sobre la base de **integración, unión psique-soma, aprender a aprender, mentalización y conocimiento de la realidad.** Todas estas funciones las vimos con algún detalle en la sección anterior.

¿Qué es lo que sucede en los siguientes seis meses hasta cumplir el año? Muchas cosas, pero vamos a elegir las más importantes. El bebé aprende a sentarse, a gatear, a pararse y -en nuestros tiempos- también a caminar, muchas veces antes del año o alrededor de ese momento. Estos ya son muchos cambios, sobre todo porque permiten el alejamiento de mamá, ir hacia el mundo, buscar las cosas, ampliar el campo de la exploración, buscar nuevas experiencias.

Una base segura

Para alejarse de mamá hace falta más que aprender a caminar. Durante este primer año de vida el bebé establece un tipo de relación con su mamá que se conoce como **apego**. Sí, es parecido a *pegote*, "el bebé está pegote con la mamá" es una frase que tiene que ver con esto, ya vamos a ver de qué manera **apego** se puede transformar en **pegote**.

En todo caso es algo que se hace notar más por parte del bebé en el segundo semestre de la vida, es decir de los 6 a los 12 meses. Antes de los seis meses se nota menos, lo cual no quiere decir que no esté o no se esté formando. El apego se expresa en la conducta que tiene el bebé de pedir por su mama: llorar, extender los brazos, pedir upa, hacer señas a mama de todo tipo. Pide que la mamá se acerque, lo alce, lo calme. Y esas conductas se ven mejor después del sexto mes, se hacen cada vez más claras. Por ejemplo a la mamá le resulta más difícil irse sin que el bebé "esté de acuerdo", porque la **protesta** se hace más fuerte y difícil de ignorar.

En realidad tuvieron tiempo de conocerse y hacerse amigos, que de eso se trata.

Cuando nace el bebé está muy despabilado y se conecta muy fácil con quien se dedique a él en ese momento. Después viene la larga historia que recién contamos, donde se dan el sostén, el manejo, la presentación del mundo y de las cosas por parte de la mamá. Entonces es difícil pensar que recién a los seis meses se declaran amigos inseparables. Pero seguro que el bebé fue aprendiendo a hacerse entender mejor y entonces lo dice más claro: ¡quédate, ven, no te vayas, acércate!

Cuando el bebé aprende a gatear, puede alejarse de mama y ahora el que se va es él, no mamá. Entonces qué hace después de algunos kilómetros (¡porque cada metro lo siente como un kilómetro!)- se da vuelta y mira, ¿a ver dónde está mamá? ¡Ahí está! Puedo seguir.

O en vez de seguir se vuelve, el cordón se estiró mucho, (ya sé que se lo cortaron cuando nació, pero éste es el "otro" cordón), gatea rápido hasta mamá, se abraza a ella y muchas veces pega la media vuelta ahí nomás y sale de nuevo. Ya "cargó" y sale renovado.

¿Qué es lo que carga el bebé cuando vuelve? Confianza, seguridad, afecto, estímulos. ¿Es medio flojo el bebé, no? ¡Tener que volver a cada ratito que le den confianza, seguridad, que lo tengan que empujar de vuelta al mundo!

Más o menos. Porque el mundo es distinto para el bebé que para usted, que para mí. Ya conocemos tantas cosas que ni miramos. Pero acuérdese de cuando viaja. Sale con un entusiasmo muy grande, pero al rato ya quiere tomarse un cafecito, comer algo, tomar una bebida. A la tarde ya le queda cuerda por pura excitación, porque en realidad está muerta de cansancio; no solo por el ejercicio, son las muchas impresiones nuevas que fue sumando dentro suyo que cansan. Y al bebé que es tanto más "nuevo" en todo, como no lo va a cansar explorar la alfombra, las diferentes patas de los muebles que ni sabe para qué sirven, los agujeritos donde quiere meter el dedo y la madre grita, "el enchufe no Pedrito, el enchufe no". Las impresiones en los sentidos, la necesidad de procesar todo eso que entra, es algo buscado por el bebé, que tiene "alma de explorador" (¡no solo el bebé suyo, mamá- papá, todos los bebés!).

Descubrir, explorar, conocer es lo que lleva al bebé a salir hacia el mundo, los estímulos del mundo lo llaman. Y el bebé es un buscador de estímulos, no es un dormilón, haragán, aburrido que solo busca la quietud. Cuando no puede más, se desmaya del sueño y hasta mañana. Pero al día siguiente o después de la siesta, todo de nuevo, a recorrer, a conocer! Si lo sabrá usted que vive agachada sacándolo debajo del sofá o de la mesita donde quedó atascado o asustado por la oscuridad o que tiene que andar detrás levantando lo que demuele a su paso, esa mezcla de bebe tierno y "exterminator" que está viendo crecer día a día.

Pero en la vida de "después" no alcanza con la mamá de "adentro" que aprendemos a construir. Necesitamos de los sustitutos o derivados que iremos construyendo con nuestras amistades, relaciones afectivas y de trabajo, nuestras familias extendidas y adquiridas, nuestros compromisos comunitarios y culturales. En síntesis, toda una **red** que vamos tejiendo, armando a lo largo de la vida. Mamá seguirá siendo un importante componente de esta base, pero no necesariamente la mamá de cuando tenemos 30 o 40, si es que todavía vive. Sí la mamá que llevamos adentro, en nuestro recuerdo, la que se nos grabó como esa base segura a la que volvíamos y de la cual después "sacamos copias".

Pero siempre vuelve a usted, con la mirada, o en una picada, galopando por la alfombra con sus rodillas y manos y una gran sonrisa en toda la cara. Vuelve por esa carga de seguridad, de afecto. Vuelve a **la base segura** que usted representa, gracias al trabajo que vinieron realizando juntos, de sintonizarse, conocerse, ajustar la relación. Y esto queda, para toda la vida. No necesariamente puesto en mamá, porque puede ir cambiando a otras personas y cosas. Pero siempre volvemos a una **base segura** donde nos sentimos protegidos, estamos a salvo, cuidados. Puede ser nuestra casa, la "barra" de amigos, el grupo de hermanos, la familia extendida, la familia que vamos a constituir, nuestro país. También aprendemos a ser un poco "mamá de nosotros mismos", es decir, aprendemos a cuidarnos, a darnos seguridades, a servirnos de protección, a estimularnos. Vamos tomando de esa mamá y del papá, de los abuelos, de todos los que nos cuidan, **la forma** en que nos cuidan, aprendemos la receta del cuidado, así nomás, viviéndolo, recibiéndolo, disfrutándolo. También aprendemos a escuchar lo que nos dicen esos mismos cuidadores, ese ambiente protector. Primero entendemos por el tono y más adelante por el contenido verbal de lo que nos dicen.

¡Pero que está diciendo! ¡Entonces todos los chicos serían obedientes, si se dejan cuidar, si escuchan, si hacen caso!

Depende. Depende de varias cosas, el tono, la intención profunda que tiene quien cuida, la actitud básica con la que se cuida. Esto quiere decir que el chico tiene una capacidad muy grande para detectar lo que se intenciona en lo más íntimo y por más que se declaren "las mejores intenciones", somos evaluados por el bebé y el niño pequeño por lo que somos más que por lo que **decimos**.

Entonces el bebé, y luego el niño pequeño van construyendo una "mamá interior" que es el modelo de todos los cuidados que fuimos disfrutando y con los que desarrollamos las diferentes capacidades que tenemos, las que terminan formando un conjunto de aprendizajes y de modelos vividos que podremos llamar **madurez**, y que es como una mamá interior que continua desde adentro haciendo lo que antes recibíamos desde afuera, de manos de todos aquellos que quedan comprendidos en el concepto de Madre.

Pero no alcanza con la mama de "adentro". Con el tiempo ampliamos nuestro mundo, salimos de la casa, primero al Jardín Maternal, después a los diferentes niveles de escolaridad, o bien participamos de algún programa comunitario en un Centro de Atención Comunitaria, en algún proyecto de las mamas para compartir la crianza de los deambuladores, nuestros bebes transformados en "caminantes de la vida".

En ese ambiente hacemos los primeros amiguitos y amiguitas y después de los años de escolaridad vendrán los años de compartir el trabajo, la vida en la Comunidad, la participación en las cosas de nuestra Sociedad. En todos esos ambientes seguimos construyendo estos lazos de asociación, que nos brindan una cuota de compañía, de seguridad, de apoyo recíproco, de base segura.

Volviendo al desarrollo, esos seis meses, del sexto al duodécimo, son importantes por todo lo que marcan como modelos en la relación con una **base** y con un **mundo** por parte del bebé, que estará oscilando entre estos dos polos, en un ir y venir ascendente en el sentido de desarrollo y crecimiento. Para compararlos con algo práctico, imaginen una tuerca que se va girando sobre un largo bulón. Cada vuelta que da, pasa por el mismo lugar, pero una "vueltita de tuerca" más arriba. Si este periodo marcha bien, el bebé cuenta con una base en el sentido literal del término, porque es la base-fundamento de su crecimiento y es la base-abastecimiento adonde volver. Esto es el requisito indispensable para una salida al mundo, sin la cual no hay crecimiento ni desarrollo; en ningún sentido, ni físico, ni psíquico.

Quien tuvo esta base segura en los primeros años tiene la experiencia **maestra** de que existen las bases seguras. Esta experiencia maestra le permite luego buscar mantener dicha base o buscar otras bases igualmente seguras como principio indispensable para el crecimiento.

¿Qué es lo que busca el bebé al salir hacia el mundo?

Vimos al bebé gateando, desde una base segura hacia el mundo desconocido, lleno de atracciones. Pero esos no son los primeros **alejamientos** del bebé, respecto de mamá. Vamos a aclarar que entendemos por alejamiento **apartarse, "hacer la suya"**. Y eso sucede desde mucho antes de gatear o caminar, aunque se note menos.

Hacer la suya por parte del bebé se puede observar desde muy temprano. En las investigaciones que hemos hecho pudimos ver que los bebes desde los cuatro meses de edad muestran iniciativas propias en la situación que usamos como campo de investigación, la alimentación con cuchara. Ahí hemos podido comprobar que los bebes desde esa edad tan temprana tiene diferentes tipos de acciones bien categorizadas tales como: exploraciones, búsqueda de contacto con madre, experimentaciones y juegos. Esto significa que un bebe de 4 o 5 meses ya busca **activamente** hacer una **experiencia propia**, realizar algo que le interesa a él y que no viene de la mamá. Es más, muchas veces choca con la mamá para poder hacer su experiencia cuando la mamá lo quiero ver haciendo las cosas que ella espera del bebé. Y ahí se arma el conflicto. Pero muchas veces, -la mayoría, en nuestras observaciones-, la mamá permite **un espacio propio** al bebe; le **hace lugar**, decimos nosotros.

Tenemos que ir más despacio con esto; para nosotros fue tema de interés por muchos años, pero usted recién se entera. Empecemos por esto de la **experiencia**; dicho en fácil: es lo que vivimos, lo que nos hace vibrar, nos da esa sensación de estar vivos. ¿Y qué es lo contrario? La rutina, lo que no nos hace vibrar, no nos produce nada más que el tedio. La experiencia es lo que buscamos cuando salimos a hacer algo nuevo, a conocer un lugar desconocido, a probar una actividad diferente (un baile nuevo, otro deporte, un curso, una manualidad o hobby). También es experiencia cuando queremos llegar "más profundo" en una relación, en un conocimiento, en una actividad que practicamos. Y entonces nos tenemos que esforzar, soportar el dolor, la incertidumbre y muchas otras tensiones que nos marcan la medida de lo nuevo, de lo diferente que vamos a lograr al final de ese esfuerzo. Todos sabemos que hay experiencias de las grandes y otras no tan grandes, más de todos los días.

Son experiencias importantes y conocidas: el amor, no ese de la "cara bonita" de la novela de las 3 de la tarde, sino aquél que nos mueve a cambiar nuestra vida. La amistad, la que se va armando entre enojos y comprensiones, a partir de una afinidad, pero con el trabajo del buscarse. También es grande como experiencia una catástrofe personal como la pérdida de un ser querido, un grave daño personal. O ya en forma colectiva: las guerras, los terremotos, las hambrunas (hay países que conocieron mucho y otros que conocieron poco de todo esto; hay que ser consciente de ciertos privilegios). Otras experiencias que pueden ser "grandes" son por ejemplo casarse, recibirse, emigrar, armar una empresa, poner un negocio. En resumen, todas aquellas situaciones en las que, reiterada y frecuentemente tenemos que **jugarnos con todo, poner todo lo que tenemos, sacar lo mejor de nosotros.**

Una de las experiencias más grandes conocidas es el ser (volverse) padres. Buscado o no querido, le toca a la mayoría, pero es muy distinto según el momento de la vida, las experiencias previas, el o la socia que acompaña el proyecto, todo eso que hablamos del "Nido".

Esas son las experiencias "grandes". Más "chicas" (¡es tan artificial esta diferencia, porque para cada uno es distinto!) : el primer trabajo, novio/a, la poesía que escribimos, un descubrimiento, "lo que nos dijo papá o mamá aquel día que...", esa desilusión con aprendizaje, el sol de la mañana, quedarnos solos. También muchos **descubrimientos** que hacemos, ese "darnos cuenta" de cómo somos en alguna cosa, lo que podemos y no sabíamos, como son nuestros seres cercanos puestos en una situación nueva o diferente. También cuando le "encontramos la vuelta" a algo que nos preocupaba. Es decir, que aprendemos algo.

Esto de aprender no es "así nomás". Cuando descubrimos que aprendemos, hacemos también la experiencia que somos capaces de aprender. Esto es un descubrimiento "dentro" de otro descubrimiento. En realidad cuando hacemos un descubrimiento tenemos al menos tres experiencias: primero lo descubierto, por ejemplo que golpear la bandeja con una cuchara no hace el mismo ruido que golpear el vaso con la misma cuchara, o más adelante en la vida, que si presionamos el picaporte se abre la puerta. Después está el descubrir como ese aprendizaje nos "hace más ricos", en la medida que tenemos nuevos recursos; no es lo mismo saber abrir una puerta que no saber abrirla. Por último está la experiencia de que somos unos descubridores, seres con la capacidad de descubrir, y por lo tanto con muchas cosas más que podremos ir descubriendo.

Claro que "despegar" estas tres experiencias nos puede llevar varios años. Al principio parece una sola cosa, una masa de cosas entremezcladas que experimentamos todas juntas. Pero las llevamos adentro, como semillas de nuevas experiencias. Por eso podemos llamar vivencia a lo que algún día será nuestra **experiencia**, que es algo que **comprendemos y podemos contar**. Entonces primero está la vivencia que es algo que hemos vivido y que llevamos adentro como un conjunto de sensaciones, impresiones, recuerdos y que algún día podremos entender y después contar, si queremos.

Resumiendo

Tal vez esto será un resumen largo, porque buscaré la forma de hacerle entender algo que comienza de bebé pero sigue toda la vida. Podríamos decir que las grandes experiencias son aquéllas que tenemos pocas veces en la vida y que nos traen cambios que son muy importantes. Significa reunir muchas vivencias que van juntas y tienen un sentido común. Nos llevan estas experiencias grandes, a tener mucho para hablar con quienes tenemos la confianza suficiente, volcando en esa acción de contar una comprensión de todo lo vivido en relación con ese tema. A la vez, al contarlo, lo escuchamos nosotros y nos escuchan, y las dos "escuchas" dan nuevos sentidos a lo que contamos, agrandando y clarificando la experiencia más y más.

Después estarían las experiencias "chicas" las que tenemos más seguido, (varias veces por año) y también las "mini" (esas que podemos tener todos los días, varias veces). Recordemos que las experiencias son aquellas cosas que podemos **contar**, es decir que las tenemos claras, y que reúnen diferentes **vivencias,** que son impresiones, sensaciones, el "me parece" que sentimos a veces. La experiencia la podemos contar, y la podemos pensar, por ejemplo recordar. La vivencia en cambio es algo que nos da vueltas y vueltas por dentro, hasta que logramos aclararlo, ponerlo en palabras.

Esto nos lleva al tema del arte como una fuente grande de experiencias.

¡Qué tendrá que ver el arte con los bebés!

Espere, ya le puedo explicar un poco más. El arte no es de los artistas, aunque a veces se sientan los dueños. Los artistas lo hacen o lo transmiten, pero el arte es de todos nosotros, es para nosotros. Usted también tiene su artista, que lo llevó adelante en su vida o lo dejo estar, lo presentó o lo escondió, pero lo tiene. Y el arte es un gran generador de experiencias. También transforma muchas de nuestras **vivencias** en **experiencias,** o sea algo que entendemos y que podemos contar. ¿Sabía que a los griegos de hace 2500 años los gobernantes les pagaban para ir al teatro? Se entendía ya entonces que el teatro era una importante forma de comprensión y descarga de sentimientos y vivencias muy profundas de todos los seres humanos y que era una especie de "obligación de estado" velar por esa transformación en el alma de los ciudadanos. También saben los políticos - de todos los tiempos- que los artistas son **peligrosos.** Porque tienen acceso al interior del alma y pueden actuar sobre esas vivencias profundas que llevamos dentro y llevarlas a **experiencias** consideradas riesgosas y subversivas, por ejemplo la experiencia de opresión y de falta de libertad. Pero no solo el teatro, el cine -una versión más técnica- y un poco más impersonal- también logra eso y muchas veces salimos del cine con la necesidad de hablar de una vivencia muy antigua o dolorosa o importante. Hablando entonces, o si estamos solos pensando, **comprendemos** algo que vivimos y lo hacemos experiencia.

Teatro y cine, pero también pintura, literatura, música, todas las formas del arte, por supuesto. Y para muchos la tele y los famosos teleteatros, un arte más chiquito, pero que tiene un atractivo muy fuerte, basta ver los ratings. Mal que le pese a los cultos, el atractivo de las novelas televisivas está en el tratamiento de temas de la vida diaria y de mucha importancia, como el amor, la amistad, las pasiones, la relación entre los seres humanos. Tal vez una crítica que se les puede hacer a estas formas de arte es el poco arte que le ponen, valga la redundancia. Aclaremos arte entonces, para que entendamos todos. El arte tiene que ver con belleza, con un buen acabado, -tirando a perfecto-. La belleza como experiencia estética reúne un conjunto de impresiones que no pueden limitarse demasiado sin correr el riesgo de arruinar el conjunto.

Volvamos a la idea que nos llevó a tanto desvío: el desarrollo en el bebé de las vivencias y su transformación en experiencias. La parte que le toca al arte es en las experiencias más "grandes". Mencionamos algunas de las chicas. Más chiquitas todavía, las "mini" de todos los días (como las piezas del Mecano o Lego que nos sirven para "armar una vida"), descubrimos nuestro cuerpo, por dentro y por fuera, palmo a palmo y como responde en las diferentes situaciones de la vida. O como funciona. Pensemos en la simple respiración, ese acto repetido 12 o 15 mil veces por día, como puede cambiar cuando inhalamos un aroma que nos despierta recuerdos y vivencias; o cuando nos llenamos el pecho de aire, intencionalmente, para albergar mejor una fuerte emoción. Como lo soltamos, una y otra vez, en los suspiros. Pensemos en la vida y la vitalidad cuando en un ejercicio intenso experimentamos la entrada rápida y continua de aire en nuestros pulmones y pensamos en todo lo que expulsamos con el aire gastado que exhalamos. Y este es uno solo de los diferentes órganos y aparatos que hacen a nuestra vida-vitalidad. Todos los impactos de los sentidos. Y las impresiones que recibimos de hechos propios y de los vividos por otros, en un noticiero o revista. Las muchas "ideas sueltas" que corren por nuestra cabeza. Todo eso, en un momento cristaliza en una experiencia, da cabida a una o varias vivencias, que toman sentido y alcanzan el estado de comunicación.

Quedó para el final una forma de experiencia que es común a todos los tipos, grandes, chicas, mini. Tiene que ver con una contribución especial que le da cada uno. Es ese "toque personal" que le ponemos a las experiencias que buscamos. Es la manera de vivir algo que podría ser repetido, como un poquito diferente, nuevo. Cambiamos, innovamos. Es como inventar. Puede ser la combinación de nuestra ropa, la comida que preparamos, un nuevo modo de disponer nuestra casa. Una propuesta para cambiar un procedimiento en el trabajo, una nueva solución para algún problema en la profesión. También son productos nuevos aparatos, inventos que se nos ocurren. No siempre resultamos Edison con la lamparita, pero hay muchos inventos que nos sorprenden todos los días. También hacer una buena foto. ¿No se siente media artista a veces, -no cuando se manda la parte-, cuando resolvió un problema que tenía? ¿No se acuerda de Einstein? Los famosos "ravioles de la mamá de su marido", ¿él no los describe como si fueran El David o la Gioconda? Y no se burle, porque tal vez las milanesas suyas son "las únicas que Pedrito come".

En cada día o semana que pasó hemos creado algo, fuimos **creativos**, que de eso se trata: **ponemos algo nuevo en el mundo, grande, chico, mini, pero nuevo y salido de nosotros, de nuestra creatividad.**

La creatividad es una capacidad con la que nacemos pero que puede desarrollar. Eso depende de temas que vamos a seguir tratando acá y en el próximo punto. Porque es importante que usted mamá, o usted papá (¡y bienvenido los abuelos sí aguantan!) entiendan qué importante es para su bebé lo que usted haga mientras lo cría.

Vamos a ver si lo podemos explicar con la ayuda del punto siguiente:

¿Con qué se mueve el chico para salir hacia el mundo?

El bebé se dirige hacia el mundo por una fuerza interna que lo lleva, la **espontaneidad**. La espontaneidad es comúnmente entendida como un adjetivo, **ser espontáneo**. Lo que proponemos aquí es una espontaneidad como sustantivo, es una cosa, una fuerza, una energía. Pensémosla como la expresión de la **vitalidad**, aquello que caracteriza a los seres vivos y que puede existir con mayor o menor fuerza, presencia. Esa fuerza, la espontaneidad, nos lleva al mundo, para buscar los afectos que necesitamos, para relacionarnos, intercambiar. También para explorar, conocer, aprender. También para expresar todo lo que tenemos ganas de decirle al mundo, de hacerle saber, de sacarnos de adentro. En otras palabras, para hacer todas esas experiencias, mini, chicas y grandes de las que hemos hablado.

¿Cómo llega la espontaneidad a expresarse? Que es como preguntar: ¿de qué manera se expresa el bebé?

El bebé "toma la iniciativa" cuando busca expresarse, cuando sale a buscar lo que necesita, cuando quiere procurarse una experiencia. La **iniciativa** es eso, iniciar una acción, tomar la acción por cuenta propia.

Esa acción que el bebé inicia requiere de un mínimo de organización. Por eso pensamos que la **iniciativa es una primera forma de organización de la espontaneidad.** Eso les permite a las iniciativas un cierto grado de eficacia, lograr su objetivo.

Se juntan en esa organización los elementos biológicos de la maduración neurológica, los recuerdos o las formas primitivas de registrar lo ya vivido, los resultados de iniciativas anteriores que han logrado cierto tipo de vivencias.

Las iniciativas del bebé son entonces: **acciones que parten de la espontaneidad del propio bebe, con una organización que les permite cumplir con un sentido de la acción: hacer una experiencia buscada por el bebé.**

Esto implica una **organización propositiva**[16] de la actividad del bebé; va tras un objetivo, que requiere ciertas capacidades. El objetivo es lograr algún tipo de **experiencia**. Consideramos a la **experiencia** como la **materia prima** de la actividad psicológica, ya que puede servir a los diferentes fines del psiquismo: el conocimiento, los afectos, las relaciones interpersonales, la relación con el mundo, y también la relación con uno mismo.

Repetimos y resumimos un poco: la fuerza de la vida o vitalidad toma forma en la espontaneidad, una tendencia a salir de sí y entrar en el mundo, para volver con algo, una vivencia[17]**. Para que esto pueda realizarse con cierta posibilidad de éxito se requiere un poco de organización de la tarea. A este primer ordenamiento elegimos llamarlo iniciativa, relacionado con iniciar activamente. Estas iniciativas llevan a la acción y la acción produce la vivencia. Esta vivencia a lo largo de cierta cantidad de repeticiones o de combinaciones se va transformando en experiencia, que son algo que podemos tanto comprender como contar, comunicar.**

---

16 Propósito o también en otro momento del desarrollo *intención o intencionalidad*.

17 Esta palabra, *vivencia* fue propuesta por Ortega y Gasset a la Real Academia a fines del siglo XIX para expresar un concepto de la filosofía alemana que habla de *lo que es vivido*, está siendo vivido.

Gráfico I:
Proceso desde el vivir hacia el saber: Darle Sentido a lo vivido.

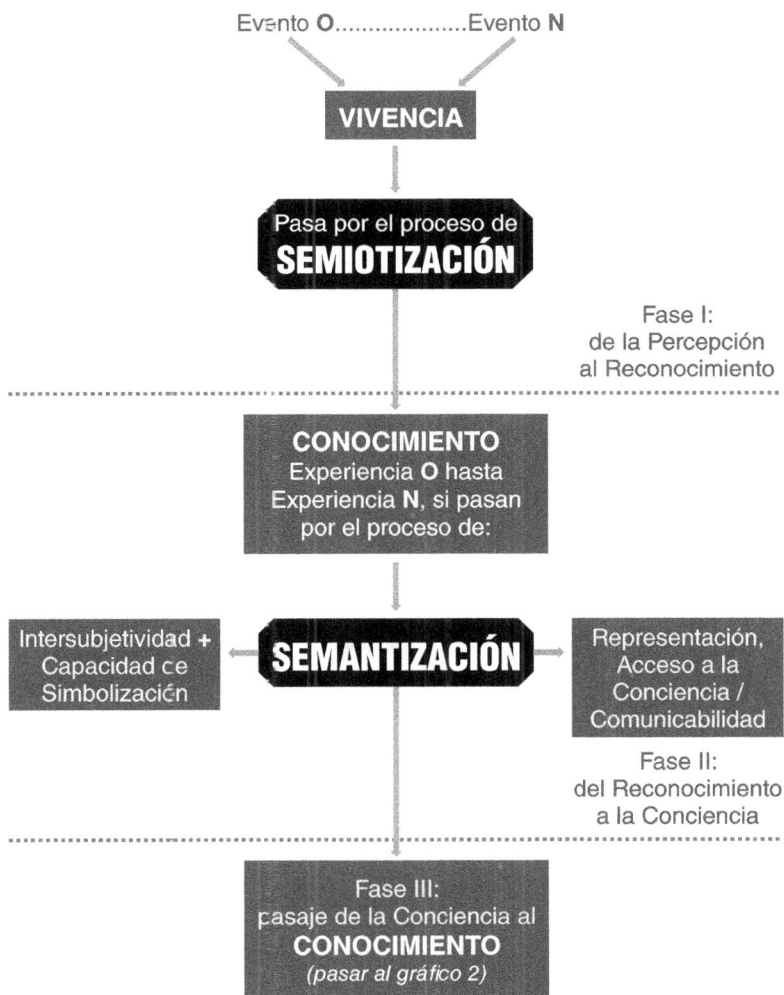

Evento **O** ....Evento **N**

VIVENCIA

Pasa por el proceso de
SEMIOTIZACIÓN

Fase I:
de la Percepción
al Reconocimiento

CONOCIMIENTO
Experiencia **O** hasta
Experiencia **N**, si pasan
por el proceso de:

Intersubjetividad +
Capacidad de
Simbolización

SEMANTIZACIÓN

Representación,
Acceso a la
Conciencia /
Comunicabilidad

Fase II:
del Reconocimiento
a la Conciencia

Fase III:
pasaje de la Conciencia al
CONOCIMIENTO
(pasar al gráfico 2)

Gráfico II:

Organización del conocimiento a partir de la vivencia *a la* experiencia, *como parte del proceso que conduce del* vivir *hasta el* saber.

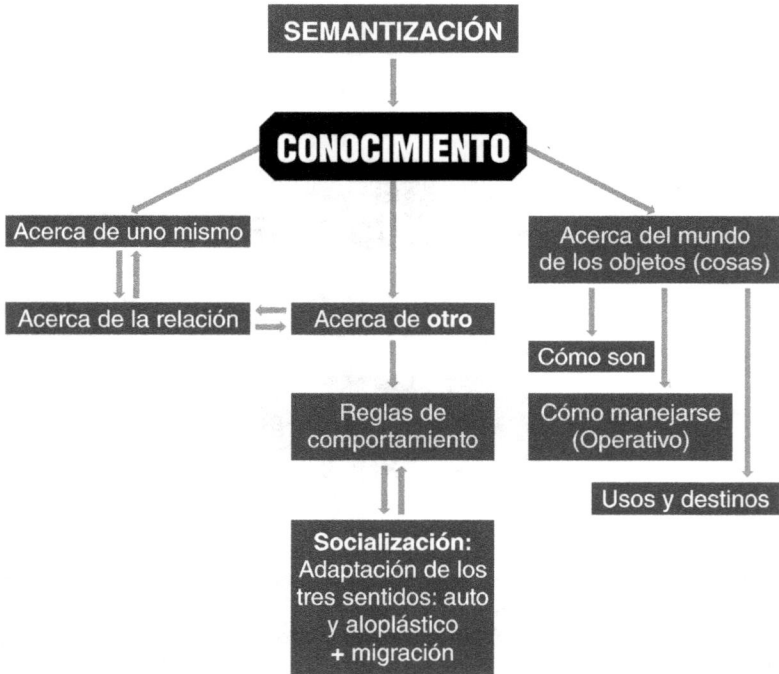

SEMANTIZACIÓN

CONOCIMIENTO

Acerca de uno mismo

Acerca de la relación ⇄ Acerca de **otro**

Reglas de comportamiento

Socialización: Adaptación de los tres sentidos: auto y aloplástico + migración

Acerca del mundo de los objetos (cosas)

Cómo son

Cómo manejarse (Operativo)

Usos y destinos

Es importante destacar de acá dos cosas: una, el carácter activo que tienen las iniciativas. La otra, el carácter personal, el "toque" que tiene cada una de las intervenciones de un bebe sobre el mundo. Esto significa que, una vez acostumbrados a distinguir las actividades del bebé, notaremos que su variedad es muy grande y que tiene estilos propios para cada bebé. Eso lo saben bien las mamás que distinguen muchas diferencias rápidamente.

¿Qué es el "carácter activo" en un bebé?: quiere decir que el bebé se procura las experiencias por un camino activo, no espera recibirlas regaladas. Es lo contrario a las experiencias en las cuales el bebé no está activo, sino que las recibe pasivamente. Esto por lo general le resulta **inesperado** al bebé, y pocas veces es bienvenida como experiencia.

¿Sorprende esto? ¿Usted imaginaba que un bebé que está recibiendo la teta o la mamadera, tranquilito, quietito, apenas moviéndose un poquito en los brazos de su madre, está teniendo una experiencia pasiva, por el hecho que recibe el pecho en su boca y no está haciendo nada? Bueno, si pensaba eso se olvidó de las cosas que le pasan a usted cuando está leyendo una buena novela, cuando está escuchando música "quietita quietita", o admirando un paisaje. Parece que todo le viene de afuera, que lo recibe "gratis", pero ¿no fue usted a buscar el libro, las entradas al concierto o teatro, no viajó hasta el lugar y recorrió la zona hasta encontrar lo que buscaba? Y cuando estaba viviendo todo eso, cuando estaba teniendo las vivencias, ¿no se armaba un regero de contactos dentro suyo que la llevaban de una imagen a la otra, de un pensamiento al siguiente, o a un recuerdo, a los versos de aquella canción? Y cuando terminó de vivir esas vivencias, ¿no terminó sacando alguna conclusión para usted, en su fuero interno, o algún comentario a su compañía del momento? ¿Y a eso le llama pasivo? ¿O cree que el bebé chupa leche como una aspiradora sin que le pase nada por dentro; que abrió la boca como un robot; que termina lleno de leche y sin tener ninguna vivencia que fue construyendo? Además ¿no vio el dedito apoyado en su pezón, recorriendo milimétricamente ese palmo a su alcance? ¿No descubrió su mirada buscando la suya? ¿Los ruiditos con que interrumpía de tanto en tanto la mamada, para expresar alguna cosa?

Pero si nos trasladamos de la mamada del bebé a la comida

con papilla del chiquito de 4 meses hasta un año cumplido[18], lo que podemos ver es bastante más florido. Mete el dedo, escurre el contenido de la cuchara sobre la bandeja (si se la logró quitar o negociar a usted por un ratito), desliza el dedo con puré de izquierda a derecha y vuelta, con la palma de la mano estudia el pegote que hace la crema de espinaca. Con la cuchara, -esa que usted elige para él, para que tenga su cuota de participación- parece un concertista, suave, fuerte, cadencia, ritmo y siempre escuchando lo que va produciendo. Y no lo está haciendo para usted, aunque a veces mira a ver que dice o que cara pone. Le importa eso, claro, pero también le importa -y muchas veces más que nada- completar la experiencia que esta haciendo. Por eso el chillido cuando usted le quiere sacar la cuchara, cansada de la batucada doméstica. O cuando no lo deja sacar otra porción de crema de espinaca para hacer una decoración completa de la bandeja con la colección de palmas embadurnadas. O le interrumpe la experiencia de comprobar que el fideo redondo puede rodar: "-a ver si comes Pedrito de una buena vez, que me tengo que ir "-. Todas esas interrupciones producen alguna reacción, pero no todas las reacciones son de extrema importancia. Habrá cosas por las que Pedrito pelea más que por otras.

¿Le queda alguna duda que los bebés pelean, pelean por lo que les interesa? Mire bien. Tal vez usted lo llama "se porta mal, está caprichoso". Vamos a ver si después podemos aclarar que es un capricho y que es una pelea, una buena pelea, que vale la pena. En realidad hay pelea cuando hay dos, ¿se acuerda el dicho? A veces el bebé hace alguna señal para avisar que esta mal con la situación, que no le gusta lo que está pasando. Por ejemplo, escupe la comida, un poco, la mitad, casi todo. O se escapa de la cuchara girando la cabeza y alejando la boca. O la

---

18   Las edades de los bebés en las 350 filmaciones que tenemos en nuestra investigación sobre Iniciativa Temprana y Desarrollo Psíquico.

deja cerrada. O se tira para atrás. También puede llegar a gritar, patalear, pegar manotazos, escupir y ahí se acabó la comida. Al menos por un rato. Hay que pasar un tiempo calmando al bebe, descubriendo qué pasaba. Claro que para el momento de la gran pataleta ya se pasaron varios "semáforos en rojo"', hubo varias señales desatendidas y a esa mamá o cuidadora le puede resultar difícil entender qué pasó.

Cuando la mamá "entra" en la pelea, tenemos el conflicto. Un lío entre dos. El bebé quiere una cosa y la mamá quiere otra. Y además no pudieron negociar.

¿Negociar? ¿Con un bebé?

Claro. ¿Qué tiene de raro? ¿No le da usted una cuchara para que le deje usar la suya tranquila? (igual muchas veces quiere la de usted, y ahí empieza una calesita de cambiar la cuchara, porque el bebé siempre vuelve a extender la mano a la que está manejando usted, no a la que le puso adelante. Eso es cuando necesita mucho mucho ser igualito a mamá.) ¿No trató de poner un montón de juguetes arriba de la mesa, para ver si se distrae con eso y usted puede darle de comer? ¿Y no terminaron muchas veces todos en el piso, uno detrás del otro? Negociación fracasada. También está la estrategia de "el montoncito del bebé", o sea esa cucharada de puré que le puso delante para que juegue. (Esto funciona bastante más que "la otra cuchara" y mucho más que la colección de juguetes sobre la mesa).

Es definición de negociación que todos ceden en algo, ponen una contribución o hacen una renuncia. Entonces "todos ganan y nadie pierde", en el sentido que no hay uno que "domina" sobre el otro. No domina la mamá, que cede y concede, pero también el bebé que renuncia o que acepta cambiar un proyecto por otro. Ninguno de los socios se

transforma en el tirano. Esto es para ir anotándoselo para el momento en que hablemos de caprichos.

Veamos si podemos poner un poquito de orden en esto: tenemos un bebé activo, haciendo iniciativas que llevan su espontaneidad al mundo en busca de vivencias con las que construirá sus "experiencias de vida". Una mamá que se las tiene que ingeniar para dar de comer y a la vez dejarle un lugar a esa búsqueda del bebé de "la otra comida", el hambre de vivencias de su bebé. En esta descripción tenemos un campo, un escenario: la comida, y dos protagonistas, Marco Polo el descubridor y la mama equilibrista entre el "hay que..." y la comprensión de los deseos del bebé. Los une la negociación y el encuentro, toda vez que la mamá arrima a tiempo y en la forma adecuada, los elementos con los cuales Pedrito-Marco Polo hacen un hallazgo, una nueva experiencia. Ahí la sonrisa delata el éxito de la doble alimentación. Y sino las diferentes señales del malentendido, las reacciones individuales del bebé, expresando su aversión por lo que ocurre y el lenguaje del conflicto madre-hijo en una lucha por la dominación y el control unilateral.

¿Todo eso a los cinco o seis meses?

Sí. Todo eso. Hay que aprender a verlo, para los que están afuera, pero usted que lo vivió o lo está viviendo ahora, díganos usted, ¿estas cosas no le pasan? Estas descripciones no le suenan conocidas?

Bueno, pero no se defienda preguntando "¡Y que quiere que haga, si tiene un carácter!" - Cada vez que se habla de estas cosas o mostramos un vídeo a las mamás (aunque sean psicólogas-mamá, maestras-mamá, doctoras-mamá) se arma un revuelo bárbaro y nos largan la metralla de preguntas y exclamaciones. ¿Qué pasa?

Pasa que a la mamá le toca un papel complicado. Tiene que

vérselas con tres bebés en cada bebé que tiene delante. ¿Qué tres bebés? Le cuento:

Los tres bebés de la mamá

Toda mamá fue nena; por definición. Y además muy chiquita, una bebita. Parece que ya por aquellas épocas, bebita o nenita (es discusión de especialistas. ¡Prohibido entrar!). Se imaginaba los bebitos de la mamá y también los de ella misma. Los que algún día iba a tener.

¿Vio señora que su papá siempre fue importante para usted? La entendía, o la mimaba, o le daba permisos cuando mamá no quería? La sentaba en su falda mientras estaban en la mesa. O usted se iba al baño a mirarlo afeitarse, jugaba con la espuma. Cuando vino el hermanito, fue papa que la rescató y trajo de vuelta cuando usted ya salía con el bolsito por la puerta de calle. O la llevaba a hacer las compras. Jugar no sabía mucho, para eso parece que solo le habían enseñado a patear una pelota, pero algo sabia. También leía cuentos o la llevaba al cine. Se acuerda de aquel domingo en el circo cuando se subió - de nuevo- a la falda de papa porque aparecían los payasos?

Tan importante fue para usted, cuando era chica (¿y ahora como se llevan?), que alguna vez se le debe haber ocurrido que quería regalarle uno de sus bebitos. De los suyos. O que él le regalara uno a usted; uno de esos que le daba a mamá. Seguro que se olvidó. Un poco de vergüenza da hablar de esto; ¡que ocurrencias! Ya de adolescente el bebé lo imaginaba con alguno de los Rolling Stones, o con Julio Iglesias . Papá es un poquito panzón, pelado y cascarrabias. Se lo dejamos a mamá.

Pero cuando era chiquita jugaba con sus muñecas. ¿Y usted quién era? La mamá. ¿Y la muñeca? Varias personas; a veces usted misma, cuidada por una supermamá (¿de nuevo usted, cosas del juego vio?). Por momentos, la muñeca era Natalia-Nati, o

Andrea-Andy, o vaya saber que nombre habían elegido. Usted y "su marido", Porque esa era su beba, a la que bautizó con el nombre que tanto le hubiera gustado para usted (¿nunca quiso cambiarse el nombre?).

Esas bebas,- porque tuvo varias, ¿o no?-, recibían cuidados muy especiales de usted. Muchos "aprendidos" cuando fue beba, otros "inventados" cuando los de mamá no alcanzaban para todo lo que usted necesitaba. Algunas veces también las retaba, a veces hasta con unas palmaditas si había habido alguna bronca entre usted y su mamá un ratito antes y la ligaba la muñeca, y bue! De todo un poco. Dormir con la muñeca, usarla para jugar, retarla, mimarla, olvidarla unas vacaciones y al volver guardarla en un ropero. Alguna de esas muñecas fue muy "esperada" por usted, tenía que llegar el cumple siguiente, porque era muy cara, o muy especial. Otra le vino de manera inesperada, de golpe un día estaba ahí. ¡Que sorpresa! Alguna regalada por mamá o por Abu, la mamá de mamá. Las dos aprovechan y le cuentan un poco de las propias muñecas o de como jugaban. También le van diciendo qué cosas son las que los chicos tienen que saber "para cuando seas mamá" (vio que a sus hermanos les decían pocas cosas "para cuando seas papa". Parece que se las agarraron con las mujeres para el tema educación). Abu le cuenta de su propia mamá (usted no la conoció porque todavía no vivían tanto, los hijos suyos capaz que sí tiene bisabuelos). De "como era de severo mi papá", que el sábado había clases, y todos esos otros temas de los viejos. Pero algunas cosas le quedaron de recuerdo y otras se "le hicieron carne" aunque no lo sepa. Y más todavía si usted es de una minoría religiosa o cultural, con sus abuelos que vinieron al país, escapando o buscando mejor suerte. Cuando se vive donde no están enterrados los antepasados, se los lleva "adentro" y se habla más de ellos y de lo que les importaba. Se trata de muchos de esos otros valores que a usted le suenan raros o que cuando los cuenta a sus amiguitas la miran sorprendidos. ¿Cómo que las mujeres se cubren las caras? ¿Por qué mataron a los padres de tu abuelo?, ¿Por qué eran judíos, o armenios? ¿Por qué es todo eso?

Hoy con los noticieros ya nos acostumbramos a cosas mucho más raras, pero unos pocos años atrás no era tan común enterarse de las grandes diferencias que hay en el mundo. En todo caso, usted aprendía una canción, o unos versos, o directamente todo otro idioma. Iba a una iglesia especial con los abuelos, y para ciertas fiestas le leían cuentos de un libro raro. Y todo eso se mezclaba en sus juegos con las muñecas, los cuentos de abuela, los de mama, las "recomendaciones" de las dos, los buenos consejos para cuando "sea grande".

¿De todo eso, no queda nada en la mamá que usted es ahora? De esa beba "de Papá" que imaginó tener, que fue armando día a día, cuidada como le hubiera gustado ser cuidada, mimada, retada, acompañada por las canciones de Abu, educada por usted, no queda ningún rastro?

No puede ser. ¿No es cierto que leyendo esto, algunos recuerdos y nostalgias le volvieron? Pedazos de canción, de cuentos, caras, fotos de viejitos con anteojos redonditos "de cuando vivíamos allá con tus bisabuelos". Eso es lo que se mueve dentro de él. Pero hay más y muchas cosas que no recuerda para nada, aunque le influyen en lo que haga. Es decir que educa, cría, enseña con un montón de reglas que lleva adentro sobre las cuales no pensó demasiado. Alrededor de un bebe imaginario que algún día seria suyo y tendría que ser de tal o cual manera.

Le presento entonces al bebé de su historia personal,el bebé inconsciente, el de su familia, el bebé que iba a tener con papá, o que le pensaba regalar a él . O a su mamá.

Pero hay otro bebé en su cabeza. Es el que usted fue nombrando con su novio, pareja, mientras estaban organizando su propio futuro y el de los hijos de paso. "Quiero que sea aviador, como Papá" o actor, medico, bailarina, ingeniera, astronauta. Todas las fantasías que se permitió tener, muy conscientemente cuando pensó en sus hijos, ya "de grande" (como de 14 o 15). Lo iba hablando, con sus amigas y con sus novios. Con el tiempo y las relaciones sexuales ya establecidas como parte de su vida de pareja, el tema se vuelve "más serio", en tanto complicación o deseo expresado, más o menos libremente. Empieza a ser un tema de la pareja. Se abre una carpeta. A veces dos. Se habla del hijo y de la hija, que significan diferentes cosas para cada uno. Es siempre el primero. Pero son dos: si sale mujer, entonces.... O sino, si es un varoncito, yo quiero que...

La carrera por el nombre. Las ilusiones de lo que no se pudo ser o tener. Los planes, esos que "por ahora" están postergados: estudiar, emigrar, volver, conocer. El deseo de repetir y perpetuar lo amado: la cara de él, la ternura y belleza de ella. Amores pasados y presentes perpetuados. Lo inalcanzable hecho posible, la escalera de las generaciones. El tejido de los deseos, de la imaginación. El empuje de la búsqueda. Todo eso va construyendo un nuevo ser, todavía inexistente en carne y hueso, pero que ya tiene: nombre, designios, historia, porvenir; una madre y un padre soñando.

Ojo. Estos sueños pueden ser una cosa muy simple, expresada en muy pocas palabras. No todos son poetas que imaginan al hijo de mil palabras, y lo pintan con el arco iris.

Pero siempre existe, en esa semipenumbra que es la pre-consciencia, el lugar de los pensamientos olvidados, de las ideas vergonzantes, de lo que se aleja de la posibilidad de publicación a otros. Se cuentan en la intimidad de una relación de afecto y aún así con pudor, temerosos de la risotada.

Este otro hijo, el segundo bebe, es entonces el de la imaginación preconsciente[19]. Es el bebé de la pareja de los padres,

---

19 Estos dos bebés los puede encontrar en la descripción que hace S. Lebo-

de la pareja conyugal. No el de los abuelos (padres de los padres), que es el anterior, aquel que quedó enterrado en el olvido del inconsciente y que solo se expresa en comportamientos de cuyo origen sabemos poco y nada hasta que alguien nos señala las similitudes (¡... sos igual a tu mamá, me acuerdo cuando ella te tuvo a vos ...!)

Pero un día llegó y está ahí. Como decíamos antes, más negrita, más cabezón, menos gordo, más largo que lo que imaginó pero está ahí y es suyo, todo suyo. ¡Es éste! Sí, sí. ¡Es el mío, el que yo quería (aunque se parece poco a lo que usted contaba que quería)!

Está estremecida. No lo puede creer. Esto, ¿esto realmente le está pasando a usted? Usted tiene un bebe en sus brazos, que es el suyo (cuantos miedos a que se "confundan "en la nursery, el miedo al cambio). Llegó y es esto que tiene delante. Ya no importan los rulos negros, o la falta de pelo. ¡Yo lo quería así! ¡Tal cual!

¿Qué pasó?

Pasó que usted por suerte es una mamá bastante bien desarrollada, tuvo una buena infancia, buenos padres, encontró un buen marido o pareja. Está feliz con su vida, con usted bastante conforme, con su pareja también, no extraña nada. Solo quería tener un hijo y ahí está en sus brazos. ¡Qué importa la cara que **iba** a tener, si está acá! Lo recibe con toda su alegría y aceptación de lo que le tocó. No anda con vueltas y toma lo que le dan y lo disfruta, lo acepta.

Suertudo el bebé. Sí, porque le va a ser más fácil ser **él mismo**, ser el que le toca ser, por sus circunstancias, por lo que hace de su vida, por sus iniciativas desarrolladas. Y digo suertudo

vici en su libro "El bebé, la madre y el psicoanalista". Ed. Amorrortu, Buenos Aires 1986.

porque no tendrá que luchar contra los otros dos bebes, los que estaban en la mamá **desde antes** y no va a ser permanentemente comparado con ellos, corregido, arreglado, "a medida" del bebé que mamá le había prometido al propio papá, ni tendrá que ser como quería la abuela que fueran todos los descendientes de la familia del bisabuelo (todos esos fantasmas que andan dando vueltas por la nursery, o el cuarto del bebé[20]). Su encuentro con el bebé que mamá y papá armaron mientras estaban de novios, cuando eran adolescentes, cuando empezaron a pensar en el sexo como una posibilidad inmediata y con consecuencias, ese bebé tampoco será una amenaza demasiado terrible.

Suertudo porque no tendrá mucha competencia con los bebés-fantasmas y podrá desarrollar como le nace, como le viene de su espontaneidad. Será lo que le permitieron ser. ¿Sabe lo que es eso? Creo que pocos piensan en el lujo de poder ser sin demasiados mandatos, ordenes, designios, destinos enchufados "desde arriba". Como decía un amigo: "¡Juancito va a ser médico, peronista y de Boca, después que haga lo que quiera!".

Entonces el tercer bebé es esto, el que aparece ante la madre y el padre el día del nacimiento. El que ellos pueden ver, oír, tocar, oler. Pero también entender, interpretar en sus búsquedas, conocer a medida que se despliega en la vida, disfrutar su desarrollo y crecimiento. También festejar su originalidad, lo diferente que es de lo que pensaban que iba a ser, lo que **propone** en el día a día como iniciativas propias que llegan a desconcertar a los padres atónitos ante esta serie de sorpresas de un pequeño ser, individuo, persona que afirma su propio modo.

¿Pero entonces esto no es peligroso? Eso, ¿qué el chico crezca así, para "cualquier lado"? No solo no es peligroso, sino más

---

20 "The ghosts in the Nursery" de Selma Freiberg es un libro que nos abrió mucho los ojos a los que nos interesamos por las mamas y los bebes, el destino que los papis y abuelos le "tiran" a sus hijos.

bien lo contrario. Es peligroso que no pueda ser lo que está dispuesto, capacitado, pujando por ser.

Pero requiere una mamá como usted, que se emocionó hasta las lágrimas por las diferencias que encontró respecto de lo que esperaba, que aceptó "lo que venía", que se enamoró de ese ser desconocido, inesperado, sorprendente. Que festejó su lunar, la mueca extraña, el gesto "serio", el rulito ridículo, las patas demasiado largas, esos ruidos chillones. Una mamá que descubre día a día a ese niño impredecible pero que también llega rápidamente a conocer sus conductas esperables, repetidas.

Es la mamá que tiene un cuaderno o libretita donde anota las "novedades" de Pedrito, lo que va desplegando este "inventor" inquieto, esta "artista" innovadora. La mamá que no se cansa de contar que... "nuca hubiese pensado que Pedrito iba a hacer esas piruetas; imagínate que...." La mamá sorprendida, es la mamá que descubre, pero también es la mamá que acepta a un Pedrito distinto, distinto del que hubiese debido ser, del que le hubiese gustado tener.

Les presento a la mamá del bebé de la percepción, del bebé que "está ahí, es ése". **Este tercer bebé, es entonces el bebé de la conciencia, de la percepción, de la sorpresa, de la aceptación, del descubrimiento.**

Entre los tres bebés la madre elige permanentemente, a cada instante, cientos de veces por día. Depende cuanto del bebé de la sorpresa, del descubrimiento hay en una mamá para determinar el grado de libertad para las iniciativas propias que tendré cada bebé. También dependerá de ello el grado de conflicto en la relación, la cantidad de reacciones adversas que desarrolla el bebé. En definitiva, el grado de desarrollo que tendrá como persona individuada ese bebé, o el grado de lucha para evitar el sojuzgamiento a bebés internos de los padres, tal vez con predominio de los de la madre.

Una función deseable, poco conocida

Todavía no está todo dicho. Esta última fórmula: ser uno mismo o quedar sojuzgado a bebes internos, imaginarios de una mama (y, en menor medida, también de un papá), no es absoluta. Hay un pequeño resquicio, a veces la gran salvación.

Es una posibilidad de la madre, o del padre que percibe lo que está sucediendo en la crianza del bebé, de poner en funcionamiento una capacidad psicológica de la cual no se habla en psicología ni en psicoanálisis. Se trata del respeto.

En los diccionarios se describe como una **actitud reverencial, algo debido**. Se usa para hablar por ejemplo del respeto a los símbolos patrios (un chico castigado por faltar el respeto a los símbolos cuando rio durante el himno;), a las instituciones. También a los mayores, sobre todo con queja hacia "esta juventud que ya no respeta a los mayores" (¿serían tan respetables?). Para autoridades, en especial la "investidura".

Podríamos decir que es el respeto "desde abajo, hacia arriba", del que menos **es** al que **es más** (poderoso).

Pero no es en esto en lo que pensamos cuando decimos que la madre y el padre deben poder respetar la individualidad emergente del bebé, esos brotes de personita que se expresan en pequeñas iniciativas, pero de mucho significado evolutivo. Si la mamá se maneja con el **bebé de la percepción**, el que llamamos el bebé de la sorpresa, va a disfrutar estas iniciativas y tendrá la posibilidad de hacerles un lugar sin mucho esfuerzo, hasta con placer.

Pero no siempre las cosas son tan fáciles. Hay mamas con un buen bebé de la sorpresa, pero que igual tienen puesto en él o ella una gran cantidad de expectativas. Entonces puede llegarse al punto donde la mamá tiene que aceptar que hay una **diferencia** entre su deseo y el del bebé. En ese caso tendrá que evaluar si lo que ella desea es fundamental, una de esas cosas que no podría aceptar que no fuesen como imagina. O en cambio es, "... bueno sí, es importante, pero también es importante él bebe y su propio proyecto... "

Es en este último caso que lo determinante de los resultados es la función del respeto que la madre haya desarrollado. Una **capacidad**, entonces, de **aceptar una diferencia en las propias expectativas, a favor de alguien que está en situación de inferioridad de fuerzas.**

Esto no es lo mismo que el respeto a la investidura, que se hace sentir porque va asociada a gran poder, mucho mayor al que tiene el que **debe** un respeto. En ese caso, el respeto es "desde abajo hacia arriba", basado en el temor, todo lo cual obliga a tributar ese respeto al poderoso.

El respeto de la crianza, de la mamá, del papá está basado en el amor, no es obligado por nada sino elegido, no va acompañado de temor y sí de tolerancia, no hay represalias posibles y se ejerce renunciado a una fuerza o capacidad de sometimiento del otro dada por la gran asimetría de fuerzas en esta etapa de la vida.

Claro que podríamos desear que exista solamente este tipo de respeto entre los seres humanos pero tal vez existen situaciones que van acompañadas del rigor, del temor, y apoyados en una fuerza y una superioridad necesaria para imponer el respeto, por ejemplo a las leyes que a su vez regularían -idealmente!- los derechos de uno respecto de uno o varios otros que no gozan de la capacidad de respetar. Pero eso es un tema que si bien **tiene que ver con los bebés,** no podemos aquí más que dar unas pocas ideas sobre ésta relación entre individuo y sociedad. Por ejemplo, la idea que quien no fue respetado como recién llegado al mundo sabrá poco de respeto en el sentido de "renuncia y de hacer lugar al otro o negociando un poquito para cada uno". O ésta otra idea: quien fue criado en el sometimiento y "de prepo" tendrá dos posibilidades, ejercer el prepo o estar bajo el ala de un fuerte haciendo lo que le mandan. ¿No le suena de los noticieros o de las "cartas de lectores" que piden la mano dura de algún político que anteriormente fue policía o militar? ¿O de los seguidores de algún general "salvador"? Es que no es fácil para todos el tener una actitud negociadora, dar un poco, recibir algo de lo que se espera, ceder, cambiar, buscar una solución intermedia. No solo con el bebé, con el marido, la mujer, el jefe, los compañeros. Están los que "las quieren todas para sí" y los "abnegados de siempre" (que después se las cobran por otro lado). Pero todo el día negociar no es fácil, aunque puede ser divertido y tener buenos resultados. Para muchos es más fácil un conjunto de reglas rígidas que no se modifican, así no hay que pensar tanto y todos estamos "igual".

Son muchas las cosas que hay que aprender sobre ese bebé "nuevo" que le estoy presentando. Quizás tenga que reparar un poco lo anterior. De este tema del respeto podemos decirle que van a depender muchas actitudes futuras del niño>adolecente>adulto en su relación con ustedes los padres, el colegio y los compañeros y después en su vida de pareja, de relación social y comunitaria.

¡Y sí! Que quiere que le diga, a mí me parece de mucha importancia, pero entiendo que tengo que hacerme entender. Así que probemos un poco más y veamos si podemos compartir una comprensión de ese "nuevo bebé" que fue surgiendo en estos años de estudio y de investigación:

¿Qué cosa les pone a sus iniciativas cada bebé?

¿Cuál es la importancia de la iniciativa del bebé?

La importancia está en lo que pone en la iniciativa el bebé. La carga que lleva la iniciativa **es una porción del ser del bebé, sí, de su misma esencia.**

¡Qué! ¿Me va a hablar de la filosofía ahora?

Y, un poco sí. Pero vamos paso a paso.

Para poder contestar tenemos que contar un poco más de lo que fuimos descubriendo en nuestras investigaciones y de lo que nos llevaron a pensar.

Ya les hablé del origen de las iniciativas: la espontaneidad que está en la raíz misma de ese acto organizado que es la iniciativa. Pero cuando nos preguntamos -¿de dónde sale la espontaneidad? - no encontramos enseguida una respuesta satisfactoria. Porque en realidad esta pregunta apunta a conocer el origen del comportamiento humano, porqué hacemos lo que hacemos, cuales son nuestros motivos últimos (o primeros), que fuerzas actúan en el ser humano llevándolo a hacer las cosas que hace. Y esto suena bastante a filosofía, aunque las religiones se meten con el tema y desde hace unos 100 años empezaron a opinar los psicoanalistas.

Pero además de todos los sabiondos que discuten estas cuestiones, son temas que aparecen en las reflexiones que diariamente ensayan las personas ante hechos humanos difíciles de entender: crímenes, violencia y atrocidades, mezclados además con el heroísmo de algún adulto o niño, o la capacidad sobresaliente de algún genio. Por lo tanto nos metemos con el tema porque ya está instalado en nuestros pensamientos de todos los días. ¡Y ahí vamos!

Como especialista "psi" de *psyche*, que en griego quiere decir alma, nos pusimos a pensar en cómo se origina lo psi, lo psicológico y si es un "aparato" o si es lo mismo que el cerebro o qué relación tienen. Ahí ya se armaron los primeros líos gordos que se transformaron en guerras entre tribus que pensaban de una u otra manera, y en una forma muy semejante a la de otros grupos humanos quieren "tener la razón", pero no solo eso, quieren que los demás lo acepten así y que piensen igual. Esto sería la parte menos sabia de los "sabios"[21].

"¡Qué querés que le haga, me salió del alma!" Habrán escuchado esta frase más de una vez. Expresa lo que surge como un impulso de adentro nuestro. El problema es que los impulsos tienen mala fama. Con los impulsos pasa lo que pasa con las personas, una mala acción cuesta más de una docena de las buenas para levantarla, para que se perdone, si es que se consigue el perdón. Y las personas -como los impulsos- no son malas en sí, tienen acciones malas y buenas y así también hay impulsos malos y buenos. La selección la hacemos con nuestro juicio, pero el juicio tarda en establecerse. La espontaneidad es la modalidad por la cual generamos los impulsos (acuérdese de pensar en el impulso como neutro, ni malo ni bueno). Para que entienda mejor: ¿se acuerda de la chica de 12 años, Jezabel de La Plata, que se tiró encima de una compañerita para que no la atropelle el tren, sufriendo ella lastimaduras y amputaciones? ¿Tuvo tiempo de meditar su acción o fue un impulso? Y ese impulso ¿cómo lo cataloga?

Esto nos permite enfrentar el siguiente tema: los chicos nacen buenos y malos a la vez y la educación es algo que se esfuerza en suprimir lo malo para permitir lo bueno.

---

21 Pero además de buscar una Explicación General, la mayoría de las veces estamos involucrados en la atención de una persona en particular, a la cual le podemos aplicar esas Teorías pero que casi nunca bastan para entender todo lo que le pasa. Es más, para poder compenetrarnos debemos olvidar esas ideas generales, para así lograr una comprensión particular de la singularidad que enfrentamos. Una vez resuelto el tema podremos tratar de dar explicaciones que unen las dos cosas, lo particular y lo general, y discutirlo con otros especialistas.

Si usted piensa así, tire el libro, no siga leyendo porque se va a aburrir o enojar. Encontré muchas mamás (también papás cuando aparecen) que piensan así, porque les enseñaron eso, porque repiten algo que oyeron, no sé porque pero piensan así.

Si no tiró el libro es porque al menos le interesa saber cómo lo pienso y como lo explico habiendo visto muchos bebes. Se lo digo cortito: hay bebes con muchos impulsos, más que otros bebés, y eso puede darle mucho trabajo a la mamá o quien lo cuide y si no hay tiempo ni paciencia ese chico se transforma en un estorbo. Quien lo cuida, sin tiempo y sin paciencia[22] va a enfrentar los impulsos, los va a frenar, tratar de suprimirlos. Y eso el bebé lo puede sentir y mucho. Entonces reacciona y ahí se armó el lío, porque quien cuida sin paciencia y sin tiempo, no quiere reacciones y redobla los esfuerzos por suprimir la fuente de los trastornos, la gran cantidad de impulsos del bebé y su reacción a la supresión.

Pero además ya dijimos que los impulso no gozan de mucho favor, tienen mala fama, y eso también tiene que ver con lo que piensan algunos sobre la naturaleza del ser humano. *Homo lupus hominis* decía un filósofo, significando que el hombre es lobo del hombre. Esta y otras comprensiones filosóficas similares, dieron lugar a políticas orientadas al **control de lo malo en la naturaleza del ser humano**. Para algunos, cuanto antes mejor, es decir, desde la cuna.

Creo que el problema es que muchos de éstos filósofos tuvieron poca oportunidad de observar al objeto de sus desvelos: el tiranosaurius bebus terrificus. Cuando se lo ve muchas veces no

---

22 Por las razones que sean, algunas muy entendibles y pasajeras, por ejemplo la enfermedad o muerte de algún ser querido, tragedias y miserias súbitas, colectivas o individuales. Pero tenemos que distinguir las que afectan transitoriamente ya que no causan daño mayor como lo demostraron las experiencias de observación en guerras y catástrofes. Las más duraderas si causan trastornos.

es tan terrible y en general solo se vuelve tirano si no le hacen un lugar adecuado. Aún habiendo visto bebés muy enfermos desde muy pequeños, con autismos o trastornos genéticos que producen aislamiento extremo y una fuerte incomunicación, son muy raros los actos hostiles primarios de los bebés. Como "hostil primario" entiendo un acto que claramente se origina sin provocación previa y que es de naturaleza destructiva.

Sin embargo no todo el mundo tolera la incomunicación (que algunos bebés **padecen** pero que no generan) y el dolor producido por la falta de un estímulo de requerimiento[23] por parte del bebé es vivido como una provocación, una afrenta, un gesto hostil.

Sí se ve con bastante frecuencia a adultos que responden negativamente a los impulsos de los bebes. A veces parece que el impulso del bebé contraría un deseo del adulto; otras veces el accionar del pequeño ocupa un lugar en el tiempo y el espacio que parece ser visto como una intrusión por parte del grande. Por ejemplo si el bebé mete la mano en el plato, el adulto se puede ofuscar y expresarlo claramente diciendo, por ejemplo: "¡mamá te da de comer! ¡Mamá te da! ¿Entendiste?". Todo con el ceño fruncido, tono irritado, la voz en alto. Si lo comparamos con otras mamas que no quieren darle acceso al plato a la mano inexperta del chico, vemos que usan diferentes alternativas. Ya sea que le ponen un poco del puré en la mesita delante del bebé, o bien se las ingenian para que el plato esté fuera del alcance y en cambio haya otro objeto que llama igualmente el interés (y los impulsos) del bebé, por ejemplo una segunda cuchara.

---

23 Llamamos estímulo de requerimiento a los actos de los bebés que producen respuestas en los adultos, por ejemplo sonreír, estirar los brazos y no solo el llanto. Cuando un bebé no nos mira, no sonríe, no tira los brazos, nos hace sentir "raros", poco necesarios.

¿Qué pasa cuando el chico se encuentra con la primera mamá del párrafo anterior, la que le recuerda quien es el dueño del circo? Así nomás no termina la cosa. En algunos casos vi bebés que repiten hasta 16 veces el mismo gesto y en un caso que recuerdo bien, la madre finalmente acepta con resignación y una sonrisa poniendo el plato al alcance del chico para que éste explore. Claro, pasaron unos 15 minutos desde el primer encontronazo, pero el interés persistió y el chico inicia una exploración prolija y minuciosa de los restos que quedan en el plato en ese momento de la comida. Pero no siempre el resultado es positivo cuando el bebé persevera y un encontronazo da lugar a otro hasta que el desorden se instala en la situación y se acabó la comida.

Sin llegar a estos extremos, hay muchas otras reacciones que él bebe puede tener a las acciones de interrupción de la mama a sus impulsos. Por ejemplo, cierra la boca, escupe la comida, gira la cabeza y todo el conjunto de respuestas que en nuestras investigaciones llamamos "respuestas aversivas". Si la madre también pelea, -no solo en el primer instante cuando hace la declaración de titularidad sobre el plato-, tenemos el conflicto, la pelea, la guerra y muchas veces el fin de la comida en tanto alimentación y en tanto encuentro.

Estos ejemplos son del mismo tema que hemos tratado en otros párrafos, pero nos sirven para la comprensión del fenómeno del impulso y su interpretación desde diferentes perspectivas. Así entonces, la primera mamá, que recuerda al pequeño de quien es el plato y quien da de comer, el gesto, el impulso del chiquito puede ser vivido como la expresión de un desorden, de una intencionalidad desorganizante y hasta de una *tendencia* a la suciedad, al desorden, al caos. Según ésta mamá, éste bebé le pone "desorden" a sus impulsos. Tiene impulsos hacia la suciedad y la desorganización. Y eso merece para ésta mamá una sanción y justifica un freno educativo.

Se habla mucho en este contexto de la necesidad de *socializar* al pequeño bebé, introducirlo en las reglas de la sociedad, las costumbres y lo cultural. Y es cierto que los primeros pasos ya son una buena oportunidad para éste proceso, el de integrarse en el conjunto de los iguales, los otros seres humanos, a los que pertenecemos y con quienes deberemos compartir el mundo. El peligro es considerar a este proceso como parte de una *doma*, es decir, algo salvaje que debe ser domesticado.

¡Eh! ¡Que exagerado! ¡Quién habla de "domar" un chico!

Sí, es cierto, en esas palabras se expresa muy poca gente. Pero no son las palabras las que establecen la verdadera naturaleza de los actos de los adultos. Se puede tener "las mejores intenciones"[24] en lo verbal y a la vez con la conducta ejercer todo lo contrario. Es sorprendente la refinación que adquirió la argumentación para suprimir la espontaneidad en los seres humanos, en especial desde sus primeras expresiones en el recién nacido y el niño pequeño. A Freud se le atribuye (y reprocha) la liberación sexual de la humanidad por su énfasis en las represiones a dicho aspecto de la naturaleza humana. Si Freud volviera hoy, debería luchar contra la hipocresía que con argumentos "nobles" favorece la supresión de la espontaneidad, por ejemplo en favor de un formalismo muchas veces asfixiante que valora más el *como* que el contenido de las acciones.

¡Eh, pero así vamos a parar al "piedra libre"! ¿O usted no vio lo que pasa hoy con los adolescentes que se llevan el mundo por delante? ¡Esos, esos son la consecuencia de una educación como la que usted propone, donde "vale todo"!

Ni creo que lo que les pasa a los adolescentes hoy es que se

---

24 ¿Recuerda el film de Billie August "Con las mejores intenciones"? Se narra allí, con libreto de Bergman, la historia de cómo se constituye la pareja parental que va a dar lugar al nacimiento del propio Bergman.

llevan el mundo por delante ni me parece que las cosas que **sí** le pasan a los adolescentes de hoy sean consecuencia de un "piedra libre" en la educación. Vamos por partes. Estábamos con los bebes y ya vamos a llegar a los adolescentes y después a los adultos, si nos da el espacio para todo eso.

Si una mamá le deja hacer al bebé todo lo que éste quiere, no está respetando su espontaneidad. Lo más probable es que esa mamá no esté disponible anímicamente, que su alma esté lejos de la situación que está viviendo con su bebé. O está ocupada en otra cosa, o está preocupada, o le pasa algo importante con su pareja, o está enferma psicológicamente. La mamá del "valetodo" es una mamá que abandonó al bebé. O que no es la mamá.

Así como no se puede jugar a la paleta, paddle o tennis "de a uno", la educación tampoco se hace a solas. Al menos, un frontón. Tiene que haber un ida y vuelta. ¿Porqué? Porque el bebé no solo necesita freno, también necesita ayuda y colaboración en sus proyectos. Necesita observar para imitar, una autopista del aprendizaje. El bebé además necesita alguna respuesta a lo que hace, en el sentido de una apreciación, al menos la comprobación que su hacer es percibido por otro.

¿Cuál es el sentido de no entregarle el plato completo al chico, si su mano se extiende hacia el mismo? Porque muy ingenuamente podríamos pensar que si extiende su mano y ése es su impulso y frustrarlo en ese impulso es un sometimiento que llevará a todas esas consecuencias que parece anunciar éste libro, tenemos que entregarle el plato y evitar así un gravísimo daño.

El sentido es muy simple: ¿usted cree que el bebé está en condiciones de manejar todo el plato? O, de otra manera, ¿usted cree que el bebé lo que quiere es "todo el plato", cuando extiende su mano hacia el mismo?

No pequemos de ingenuos ni simplifiquemos demasiado las cosas. El bebé puede expresar un interés en el contenido del plato y está en nuestra comprensión acertada del sentido de su gesto administrar el grado de participación que sea más adecuado para el bebé en ese momento. Y volvemos a una de las situaciones más simples: ¿por qué no ponerle un poco del puré sobre la bandeja, al alcance de sus manos? Pruebe y verá que el plato ya no le interesará por un buen rato. O déjele "meter mano" en una mitad del plato, mientras con una mano manejamos la cuchara, con la otra sostenemos el plato para que no termine en el piso o sobre la falda del bebé o en la suya. Y no por "maldad intrínseca" del pequeño. Solo por torpeza, porque su motricidad todavía no le da para más y su colaboración es prestarle su propia motricidad al servicio de sus impulsos de conocimiento, asistirlo en su afán por hacer nuevas experiencias.

Le resumo: el "vale todo" es abandono, no libertad ni respeto. El bebé necesita un interlocutor, alguien con quien intercambiar, orientar su búsqueda, canalizar sus impulsos y a quien imitar. Ese alguien requiere una sensibilidad especial para saber cuáles son las necesidades de un bebé explorador, experimentador, juguetón y que no prejuzgue las intenciones del bebé en un sentido negativo, como desorden, hostilidad, salvajismo. Y la eficacia del cuidador no la vamos a medir en la construcción de su discurso educativo sino en el resultado de sus acciones en la relación con el menor.

En éstas condiciones los impulsos del bebé tendrán los mejores resultados: se producirán las experiencias buscadas, se irá creando una conciencia de eficacia en el bebé, se irá construyendo un mundo interno poblado de las consecuencias de su accionar sobre el mundo externo, en especial esa parte del mundo externo que es su principal interlocutor, generalmente la madre, que termina siendo entonces un modelo de intercambio con el mundo humano. Así se conformará el cimiento de la *socializa-*

ción requerida, que entonces no es otra cosa que el intercambio con los otros, que va generando un conjunto de experiencias sobre ese mismo intercambio, sobre el interlocutor (el Otro), sobre la naturaleza del intercambio como un conjunto de modalidades que incluyen procesos de solicitación, negociación, y modificación. Por último, ese mismo proceso, (-todo esto es muy resumido-) también genera un conjunto de experiencias acerca de uno mismo, como "jugador" de esos partidos con el Otro, como conocedor del mundo, con habilidades y limitaciones en la aprehensión de las experiencias que se buscan por impulso y se aprenden por reiteración, imitación y ejercitación.

Entendido así, volvemos al principio del tema, ¿por qué son tan importantes las iniciativas del bebé? Y ahora podemos contestar: son la principal expresión de los impulsos organizados del ser humano en desarrollo, con los que accede al mundo exterior, incluyendo allí a la persona o personas que lo cuidan. Donde cuidar significa hacer lugar a los impulsos hacia el mundo, orientarlos, canalizarlos, facilitarlos, para que de esa manera se vaya construyendo un mundo interno en el bebé que sea la consecuencia del paso por el mundo externo, es decir el aprendizaje del modo en que se accede a la experiencias y los resultados de las mismas en tanto conocimiento y comprensión. Conocimiento que abarca también el intercambio con ese ser o esos seres que están en función de cuidar y por lo tanto son el modelo de todos los intercambios futuros, con los ajustes del caso para cada etapa de adquisición[25] de nuevas relaciones: con papá, con los hermanos, los abuelos. O sea la famosa **socialización** que entonces no es nada parecido a una "doma" ni a aprenderse de memoria el Código Civil (o lo que está más de moda ahora en Buenos Aires, el Código de Convivencia Urbana).

---

25   No es lo mismo conocerla a mamá que conocer a María o Juancito en el Jardín Maternal, pero ayuda.

Solo brevemente volvemos a los adolescentes "sin freno" que mencionamos en un momento como un posible ejemplo de la educación temprana fallida. La necesidad de los adolescentes se parece de alguna manera a la de los bebes. En otra etapa de su vida, vuelven a necesitar un frontón para pelotear sus impulsos y sacar conclusiones sobre el mundo de afuera y en consecuencia del de "adentro" también. Y de nuevo se tienen que encontrar con el Otro, pero de ésta etapa, la de pasar a "grande". Se vuelven a socializar, pero en el sentido que le damos acá, aprenden a solicitar, negociar, modificar los requisitos para satisfacer sus impulsos.

El adolescente difícil puede tener mucho más de reacción (accionar en respuesta) al trato recibido de chico o de grande que de impulso genuino y puro. Ya no es un bebé, sin historia respecto de sus impulsos y de su espontaneidad. Vivió una primera etapa de encuentro con el mundo y el Otro, donde le fue tanto peor cuanto más reactivo lo vemos ahora. Por eso la historia del adolescente no es la misma que la del bebé. El bebé, es una hoja en blanco. El adolescente ya viene con garabatos múltiples en su hoja de ruta hacia el mundo de los grandes. La iniciativa es un camino, no, la iniciativa es EL camino por el cual nos volvemos -o no- el ser humano que podríamos ser por nuestras disposiciones, talentos y capacidades. Tomando aquella frase de San Martín y modificándola un poco, diríamos **"Serás lo que (***tus iniciativas realizadas por una buena negociación con el mundo te permiten***) o no serás (***más que un conjunto de reacciones)***"**.

¡Qué charleta! Ya ni nos acordamos que quería decir en este apartado. ¡Ah, sí! ¿Qué es lo que le pone el bebé a sus iniciativas, para que sean tan importantes?

Hagamos una respuesta cortita: **le pone todo el ser que dispone en ese momento**. Sí, así de simple. La espontaneidad que da lugar a sus primeras iniciativas es la más directa, la que tiene menos "vueltas". Porque los enredos y las complicaciones para hacer lo que uno quiere, vienen con los años, con los enfrentamientos, con las prohibiciones, con las dificultades.

Por otra parte, las vivencias que acumula como consecuencia de sus primeras iniciativas, también ocupan un lugar importante, son las primeras, las fundantes. De esas vivencias tiene muchas y se juntan con otro montón de vivencias que acumuló en las primeras horas y semanas de su vida. De su vida de **percepción**, o sea de su vida con capacidad de registro, por más simple y elemental que sea. Esa vida empieza muy temprano, aún dentro de la panza de mamá. Ya algo de eso conté cuando mencionamos la capacidad del bebé de reconocer la voz de su madre al nacer, mucho más que la voz de otra mujer y todavía más que la voz de un hombre. Eso prueba que en la panza hay ya una capacidad de registrar lo que está pasando con uno, alrededor de uno, en uno.

Hablamos entonces de una gran "bolsa de recuerdos", que en realidad son más **impresiones** que recuerdos, de la cual vuelven algunas más que otras y llevan a que el bebé quiera hacer algún reconocimiento o **revivir** eso, para entenderlo, para digerirlo, para encontrarle el sentido.

Esa bolsa de impresiones o recuerdos es entonces una fuente secundaria importante de las iniciativas del bebé. Se suman a las iniciativas que vienen de sus gestos espontáneos, expresión de su necesidad de comunicar y comprender con y al mundo que lo rodea. (Vuelva a mirar la figura 1).

Entonces, el bebé defiende sus iniciativas **porque ponen en ellas todo el ser que dispone en ese momento**, se entrega mucho a lo que hace. De ese hacer le va a venir su propia experiencia, el conocimiento de las cosas, de los demás y de sí mismo.

¿Se hace más fácil ahora entender el por qué son importantes las iniciativas del bebé? En consecuencia podemos compren der su insistencia y la capacidad de defender sus proyectos, aún siendo tan pequeño. Entenderemos también como se llega a las peleas con la mamá. Además se hace entendible que el bebé pueda preferir sus iniciativas a la comida misma. Es más, que prefiera sus iniciativas aun cuando la mamá le da señales de desaprobación.

Claro que la capacidad para enfrentarse con la mamá es tenue, si la medimos con los recursos que tiene un adulto. Pero si la medimos proporcionalmente al desarrollo, a la conciencia de sí, a la edad misma, la capacidad de un bebé para endosar sus iniciativas, para respaldarlas con un grado sorprendente de voluntad propia, es asombrosa. Es más, no siempre el que termina llorando es el bebé.

¿A qué lleva la realización de iniciativas por parte del bebé?

Si el ambiente, la mamá o quien cuida, tiene tolerancia (¡no indiferencia!) a las iniciativas del bebé, todo marcharía bien. ¿Y para donde marcharíamos en ese caso, a que nos lleva?

Vamos a hacer al revés, se lo digo de entrada y después hablamos: **lleva a poder ser uno mismo.**

¿Eh? -¿A los seis, siete meses, "ser uno mismo"?
Sí. Al menos empezar a serlo. Arrancar bien rumbeado, en dirección a ser uno mismo, lo más posible, cuanto antes mejor, esa es la idea general que me quedó después de todas estas investigaciones y vueltas al tema.

Tengo que decirle que durante 15 años antes de ser investigador fui "clínico" solamente, es decir solo trabajaba con pacientes que tenían dificultades en el campo de la Salud Mental. En ese trabajo me surgió la pregunta sobre el origen de las dificultades para ser uno mismo que encontraba en tantos pacientes.

En muchos, era el problema principal. En otros, era un problema acompañante. Pero no sé si conocí algún paciente sin ningún problema para ser la persona que estaba preparada para ser.

Es más, encontré lo contrario como resultado de los tratamientos exitosos. Aquellos pacientes que mejoraban mucho tenían en común que se habían encontrado con ellos mismos. Habían descubierto su verdadera naturaleza, sus deseos, podían pensar sus propios pensamientos en lugar de repetir lugares comunes. Eran menos influenciables por los demás que los rodeaban. Empezaban a hacer un desarrollo personal, emprender proyectos soñados pero siempre postergados; todo eso que en la calle se llama "realizarse". Es una palabra que tiene una fuerte raíz en la verdad literal de la expresión: hacer lo que uno siempre quiso es una manera de hacer realidad un sueño. Pero no solo en ese sentido, también se vuelve más real uno mismo, se siente más real.

Usted debe saber de qué le estoy hablando, pero se lo puedo decir más claro: en oportunidades de mucha tensión, en crisis, o en épocas de la vida perdemos esa sensación (¡si es que la logramos tener en forma más o menos permanente!) de estar viviendo plenamente, de estar en una realidad, nuestra realidad. En momentos de crisis, se escucha -" Me parecía que estaba viviendo un sueño, que no podía ser verdad lo que me pasaba"-. Eso es algo que algunas personas viven en forma más permanente y es un síntoma difícil de tolerar y muy perturbador.

Volviendo a lo que le contaba de "al revés": hay muchos pacientes que consiguen vivir su propia vida, sentirse más reales, conocer sus deseos, pensar sus propias ideas y sin embargo no consiguen librarse de todos sus padecimientos que trajeron a la primera consulta. Siguen con algún tipo de temor, o más frecuentemente, arrastran alguna forma de depresión que, si bien mejorada, no termina de curase del todo. Pero pueden ser tratamientos exitosos igual, aún con la persistencia de una cuota de sufrimientos agregados a los que trae la vida de todos modos,

que no logra eliminarse. Por eso un criterio de éxito en el tratamiento que se empezó a tener en cuenta en algunos grupos de
profesionales está compuesto de los siguientes tres elementos:
**1) habitar la propia persona (o sea, ser uno mismo), 2) haber
activado las capacidades y talentos propios y 3) combinado
con el punto anterior, desarrollar un grado de creatividad en
la aplicación de esas capacidades personales.**

Trato de explicar un poco cada uno de los puntos, porque
entiendo que quiera saber cómo va a ser la vida de su hija o
hijo si logró un mínimo de salud mental, que parece que está
relacionada con cómo le va en la vida temprana, donde usted
mamá, papá, abuelos, tienen tanto que ver.

Habitar la propia persona suena un poco raro, pero usted va
a entender enseguida: es lo contrario de "estar en Babia" y se lo
nota en cosas tan simples como el no tropezar por estar relacionado el pie con la vista y el equilibrio en una integración que se
consigue cuando se puede ser Uno (Uno por unidad, no solo por
"uno-mismo")[26]. Estar cómodo en el propio cuerpo es una gran
ventaja a favor de sentirse bien, es una sensación parecida a la de
entrar en la casa de uno. Lo contrario produce mucha angustia:
que el brazo no pueda tomar el vaso sin volcarlo o derramar algo,
patear la pelota para el lado del chico del otro equipo en vez de
pasarla al compañero, llenar el cuaderno de manchones y tener
esa letra de garabato, produce mucha infelicidad y desazón y
termina por hacer que se prefiera andar a las patadas ya que no
se puede andar "derecho" por la vida. Entre los adultos se escuchan frases como -"me volvió el alma al cuerpo"-, -"me tuve
que pellizcar para saber que estaba pasando de verdad y que no

---

26 Los Psicomotricistas ayudan mucho en el tratamiento de chicos gravemente perturbados porque justamente hacen que el chico logre que la mano
vaya donde mira el ojo, que el pie pise donde quiere la cabeza de uno y no
donde se le da la gana al pie o que la tijera corte por la línea de puntos y no en
un zigzag inventado por la propia tijera.

era un sueño"-. Esto indicaría que cuando las vivencias son demasiado fuertes o intensas, hay algo que se separa en nosotros, dejamos de funcionar como una unidad y para "recuperar" la parte que se fue debemos recurrir a algún esfuerzo o estrategia.

El segundo punto es el de **activar las capacidades y talentos que tenemos.** Con esto nos referimos a la situación ideal en la cual podemos hacer lo que sabemos mejor: para alguno será enseñar, para otro la música, quien sabe alguna profesión u oficio que permitan darnos el sustento mientras hacemos lo que nos gusta. Porque en eso estamos todos de acuerdo, sarna con gusto no pica, es decir que aun lo que parece menos atractivo para el común de la gente, puede ser satisfactorio para aquel que le gusta lo que hace. Como ejemplo les cuento de Benvenuto Cellini, el famoso orfebre florentino. Su padre quería que fuese músico, como lo era el propio padre. Pero Benvenuto se divertía con el trabajo en metales, especialmente oro y plata, y de muy joven, a los 15, 16 años se ganaba su propio sustento en ese arte. En varias oportunidades se va de la casa de su padre por la insistencia de éste en que siga con la actividad musical y pasa varios meses en otras ciudades, cada día más exitoso en su trabajo artesanal. Cierta vez en Roma, para caer en gracia de una linda mujer, retoma su instrumento musical y es invitado por un músico de la corte del Papa a participar de un concierto para unos festejos. Su actuación sorprende tanto al Pontífice que lo hace nombrar como miembro del "elenco estable" . Cellini pide un día para contestar y durante la noche tiene un sueño en el cual el padre le ruega con lágrimas que acepte, pero el hijo se niega. Entonces el padre, con la cara desencajada lo amenaza con la maldición paterna. Esta imagen produce un efecto tan fuerte en el hombre de 22 años (ya independiente hacía al menos 7 años, es más, en realidad sosteniendo con sus importantes ganancias a la familia de origen) que se levanta y va corriendo hasta la casa del encargado del conjunto para aceptar. Dice Cellini en su autobiografía: "... Sabiendo ahora que había gratificado el honesto deseo de mi padre con ésta decisión, comencé a pensar que todo prosperaría en mi vida hasta el fin glorioso y honorable..."[27].

Con ésta comprensión que propongo, interpreto que Cellini resolvió un conflicto interno con su padre haciendo una transacción: "toco unas horas al día para el Papa (Papá) y después el tiempo es mío; de esta forma ya nada se interpone para mi realización plena ". Y los resultados lo confirman, durante los siguientes 50 años no hizo más que cosechar logros y éxitos, siempre acompañado de un poco de música[28].

Siguiendo con nuestro análisis decimos que los talentos y las capacidades logran su máximo cuando el sujeto puede desarrollar sus propios deseos y no debe someterse a los deseos de sus padres; aún si tiene que hacer una "transacción" con los deseos de sus mayores, tiene la posibilidad de desarrollar los propios y entonces aplicar las capacidades en eso. Si los padres de Fito Paez lo hubieran obligado a dejar el piano por la computadora y el inglés (especie de fórmula mágica moderna) ¿sería Bill Gates? No creo.

De acá al tercer punto, *el del desarrollo de una creatividad*, el camino no es muy largo y se va a entender bien. No nos quedemos con Bill Gates, Fito o Cellini, como modelos de creatividad. Bajemos a la cotidianeidad. Ser creativo, no es sinónimo de éxito comercial, artístico ni económico. Puede serlo, pero no es una condición obligada. Ser creativo es mucho más elemental, implica la creación de algo nuevo o la transformación de algo existente o bien la sola adaptación para otro fin de un objeto, función o tarea. El día que alguien descubrió que a la aspiradora se le puede poner la manguera en la salida en vez de

---

27 The Autobiography of Benvenuto Cellini - Book of the Month Club, 1995, p.37.
28 Este es un análisis muy somero de la autobiografía de Cellini. En otro trabajo reúno los resultados del análisis de diferentes autobiografías investigadas con las teorías surgidas del estudio de la iniciativa propia.

ponerla en la entrada de succión, descubrió una forma simple y genial de avivar el fuego del asado dominguero. Los mecánicos argentinos -para otros, la gente de campo- tienen fama porque se dice que con un poco de alambre y una pinza arreglan cualquier cosa. El que descubrió que con un poco de bebida Cola se aflojan los tornillos o se despegaban aquellas multas aplicadas con pegamento sobre el parabrisas, era un poco genio, pero no figura en ninguna enciclopedia. No hablemos del invento de la milanesa (de cuyo descubrimiento se jactan por igual los vieneses y los habitantes de Milán), ¿pero quién no sintió frente a una cocina o una parrilla el desafió de hacerlo "distinto"?

Más cotidiano todavía: ¿quién puede competir con la creatividad de muchos hogares para "estirar el mango" hasta fin de mes? Es ésta una fuente inacabable de "Nobel ignorados".

Claro que también se llega a la gran obra maestra, el descubrimiento genial, el invento salvador, pero la creatividad es una resultante del buen funcionamiento de cualquier sujeto que logró un cierto grado de integración entre sus diferentes partes, lo cual se expresa en iniciativas propias, dentro de un plan de vida desarrollado con participación del propio sujeto y no por golpes y empujones, del destino o del medio ambiente.

*Esto permite reformular la idea de "fortuna" en el sentido de decir que: **afortunado** es aquél que puede hacer las cosas que le nacen, y en eso desarrollar sus dones y talentos, integrando su cuerpo con su alma-(psyche), de lo cual nacerá una capacidad creativa, -en el sentido de transformación, adecuación o generación- poniendo así "algo nuevo" en el mundo, por más insignificante que esto sea, llevando al sujeto hacia la **realización** de sus sueños y ambiciones, con la consiguiente generación de un sentimiento de **felicidad**, que se diferencia de la obtención de placer en que incorpora el estado emocional de **alegría**, a la simple sensación de bienestar.*

Si analizan ésta definición van a encontrar que en ella concurren diferentes pensamientos que fuimos desarrollando a lo largo de estos apartados, y que tienen que ver con la manera que se puede describir el desarrollo de un bebé pequeño, en relación con su mundo circundante, y proyectado hacia el futuro desarrollo del ser humano en sus diferentes etapas de la vida. Esta definición tiene una serie de implicancias para la crianza del bebé y para el bienestar futuro del ser en desarrollo que es el bebé, ahora, -como bebé-, muy a merced de su medio. Y no estamos tocando temas menores, ya que **felicidad** es uno de los valores más codiciados y centrales en la preocupación y el pensamiento de filósofos y simples labradores por igual. No parece pertenecer al campo de la psicología o de la medicina, al menos no se lo encuentra entre los temas tratados por los especialistas, que como sabemos *son aquellos que cada día saben más de menos*. Menos aún pertenece al campo de un investigador en desarrollo humano.

Dimos unas cuantas vueltas, pero creo que hablamos bastante ya de lo que le pone el bebé a sus iniciativas y cuáles son las implicancias del proceso de la iniciativa que da lugar a las acciones y a las respuestas del medio ambiente lo que lleva a las vivencias que con el tiempo se transforman en experiencias. Ahora podríamos ver qué relación tiene este circuito con la idea de *ser uno mismo* entendido como **individuación** y las implicancias de esto:

Individuación e Individualidad

Vimos qué le pone él bebe a sus iniciativas y qué le dan las iniciativas que tienen éxito y regresan del mundo con algo que será experiencia. Lo que vamos a ver ahora es: **qué consecuencias tiene que el bebé pueda ejercer sus iniciativas en forma más o menos permanente.**

El ejercicio continuo de la iniciativa permite una libre expresión de la espontaneidad del bebé, el fluir libremente de sus impulsos más íntimos, los que nacen de su ser interior. Este **hacer** nace entonces de su ser.

Esto tiene una consecuencia muy simple pero importante (¡lea despacio!): **hace lo que le nace, hace por lo que es y no hace por lo que le hacen hacer, por lo que otros hacen o son.** Puede ejercer su propia creatividad, satisfacer sus propios intereses, hacer sus descubrimientos, aprender su realidad, conocer su mundo, darle forma a sus impulsos, lograr formas de expresión que ansía, conocerse por como es y desconocer lo que otros desearían que sea.

"...¡Eh, pero usted propone la escuela del egoísmo, eso son lecciones de egocentrismo! ¡Adónde vamos a parar con esas ideas!..."

Y sí. Parece que no se puede **amar** más que a sí mismo sino solo **como** a sí mismo. La capacidad de dar depende más del ser verdadero que tenemos o que supimos desarrollar que de las buenas intenciones o los enunciados de principios nobles y altruistas. Quien no tuvo oportunidad de desplegar su ser, de desarrollar sus habilidades, vivir sus propios descubrimientos, fortalecer sus capacidades no tendrá nada genuino para dar. Recordemos que la creatividad se desarrolla en este ejercicio de las propias iniciativas, como un recurso para llevarlas a buen fin. Y es esa creatividad que podremos poner al servicio de otras cosas y de otros seres, una vez que salgamos de la más elemental etapa de consolidación del propio ser.

La genialidad, o sea la capacidad muy especial de un individuo para descollar en una actividad de cualquier tipo, está ligada a un desarrollo máximo de esta forma creativa de buscar caminos para lo que uno quiere. Ya les conté algo de Cellini el orfebre del siglo XVI, ahora les cuento algo de Bertrand Rus-

sell, el filósofo y matemático británico, que se hizo famoso por
sus comportamientos pacifistas y en especial por la gran cantidad de libros de difusión del conocimiento a niveles de expresión comprensibles para las mayorías que escribió hasta los 97
años cumplidos. Su madre había muerto a los pocos meses de
nacer él y su padre muere cuando aún no había cumplido los
dos años. Queda a cargo de sus abuelos, ambos bastante mayores, en especial su abuelo que ya tenía alrededor de 75 años en
ese momento. Su crianza la ejercen una cantidad de diferentes
personas de servicio, además de una tía solterona -quién en su
vida posterior desarrolla conductas bastante anormales- y bajo
la supervisión general de ésta abuela mayor. Todo esto se da
en un escenario particular, una enorme propiedad de la corona
inglesa al borde de un parque público de la ciudad de Londres,
cedida al abuelo por 99 años, debido a sus méritos como primer
ministro del gobierno en dos oportunidades. Una casa inmen-
sa, cantidad incontable de empleados y sirvientes, un parque
interminable, grandes recepciones y actividades políticas y sociales son el habitat en el cual se cría éste chico de dos años.
Hay tanta gente, pero empleada en otros fines que la crianza,
que Berti queda solo, casi totalmente solo. Su hermano, 6 años
mayor, vive una vida completamente diferente, centrada en sus
actividades de estudio. Ambos son educados en la casa, con uno
o varios tutores, que además eran cambiados ni bien se descu-
bría (por parte de los abuelos) que desarrollaban algún vínculo
más personal con alguno de los chicos. Vive en soledad, rodea-
do de gente, pero que no se vincula con él.

Por un lado, es una situación que produce alguna tristeza por el
desamparo afectivo al que se lo ve sometido. Por el otro, es la ausencia
casi total de restricciones directas, al menos en lo que atañe al gesto
pequeño, los espacios de lo cotidiano: muchas horas a solas envuel-
to en una gran actividad exploratoria, de experimentación y juego.

Es cierto que esto mismo no podría haber resultado así si
hubiese ocurrido **antes** de los dos años, ya que por nuestras investigaciones sabemos que en ausencia de una persona que esté

atenta al chico, no hay un desarrollo importante de iniciativas. Y sí sabemos que en el caso de Bertrand Russell hubo un especial interés en su desarrollo temprano por parte de personas de su entorno, aunque la madre hubiese muerto.

Pero ya a la edad de dos, con presencia ocasional de la tía, de la abuela y del hermano, se cubría un mínimo de relación que aseguraba la sobrevida emocional. El resto del tiempo estaba dedicado a sus propias iniciativas, libres de impedimentos. Y florece de una manera tal que no cesa de producir frutos hasta una edad inconcebible para la creación: Russell muere escribiendo hasta el último momento de su vida, casi de 98 años y publica más de 100 libros, miles de ensayos, artículos y correspondencia con todas las personalidades de su época (o épocas, porque es un siglo de vida) Además, milita activamente en política partidaria y no partidaria, habla por radio y luego por televisión, enseña en todo el mundo, desde China hasta California, va preso, es legislador, lleva adelante una fundación y se casa cinco veces.

¡Bueno señora! ¡No lo encierre al chico en la habitación durante 10 horas al día a ver si se genializa! Russell tenía algunas condiciones particulares además de su soledad, ya que recibía estímulos muy impresionantes por parte de las figuras que circulaban por su casa, desde gobernantes, reyes, poetas y filósofos hasta "locos lindos" de todos los colores. Heredero de una fortuna personal, toma su vida en sus propias manos cuando cumple la mayoría de edad y dedica todo su tiempo al cultivo de su persona, de su mente, de sus relaciones personales. Muy generoso, apoya y protege a muchos durante toda la vida, aunque menos cuando su fortuna disminuye y termina desapareciendo. Entre otros, un protegido suyo importante fue el filósofo austríaco Wittgenstein que revolucionó el pensamiento filosófico del siglo XX.

¿Por qué le cuento todo esto? Creo que Russell es un ejemplo de cómo se optimizan los talentos personales y crecen las capacidades y dones de alguien que desarrolla con un mínimo de soporte emocional, gran cantidad de estímulos intermitentes y teniendo toda la libertad para hacer sus propias experiencias. Hay una base, una familia con varios "genios" (o sea una buena base genética), un medio favorable en lo intelectual -si bien solo mínimo o de subsistencia en lo emocional (¿por eso cinco matrimonios?)- medios económicos más que suficientes, un lugar de reconocimiento y de privilegios en lo social y un gran interés en su persona por parte de su tía, la abuela paterna y durante muchos años la abuela materna y su familia. Note que digo interés y no afecto, aunque pueden ser idénticos a veces, no siempre lo son.

Y sin embargo creo que aún con todas éstas condiciones no tendríamos un genio si Russell hubiese tenido una mamá de esas que son bien "hinchas", que se meten en todo, que quieren tener el control siempre, que lo empujan al chico hacia un "destino mejor" -que por otra parte parece que le ha sido revelado a la madre por los dioses y a nadie más y por eso su insistencia en querer "lo mejor para Pedrito (Berti, en este caso)", .

"... ¿Me quiere decir que yo le hago mal al chico metiéndome en su vida? - Si lo único que quiero es que sea feliz, educarlo, llevarlo para donde más le conviene!..."

Si señora mamá, señor papá, queridos abuelos, ya lo sé. Sus intenciones son muy buenas y casi todo lo que hacen por su chico también es bueno. Pero le estoy hablando del margencito que tenemos que dejarles a los chicos para que "hagan la suya". Tampoco me parece que necesitemos filósofos y genios saliendo por los cuatro costados. El mundo tiene su cuota, pero le quiero contar qué puede pasar cuando un chico encuentra condiciones que lo **dejan ser como le nace**. Dentro de ciertos límites, porque Russell no era un chico "de la calle" y a la buena de Dios. Lejos de eso.

Tampoco sé si hubiese querido que un hijo mío fuese como

Russell. No sé si fue muy feliz, y sí sé que buscó afecto durante toda su vida, encontrando algo en cada relación que establecía y hubo muchísimas, no solo con mujeres, también fue de tener grandes amigos. Si sé que vivió muy intensamente, y eso puede ser algo deseable o no. Creo que le faltó sosiego, serenidad.

Pero que fue "único" no cabe duda. Y eso es lo que quería demostrarle con éste cuentito: **si nos dejan, seremos lo que podemos llegar a ser.**

Y de eso se trata éste apartado: de la originalidad, de ser único, de ser uno mismo, de desarrollar la **individualidad,** o sea lograr aquél individuo -entendido como ser por sí, por más que esté en relación **con**- que está en nuestra historia poder llegar a ser.

Ser **único** solo para "distinguirse" de los demás es algo que buscan los adolescentes y a veces nos alarma o nos saca canas verdes. Me parece que en la adolescencia se producen una serie de cambios y a la vez de repeticiones de situaciones que se dieron ya en los primeros años. Salvando las distancias. El deseo de ser "único" puede expresar muchas cosas: desarrollar autonomía, único gestor de sus comportamientos, como contrario a compartir o acatar las decisiones de otros. Es una forma de ser "uno" y no una mezcla con mamá o papá. Pensar por uno mismo. Decidir por sí mismo. Claro, a veces es más fácil tener un color de pelo que no tiene nadie más (azul con verde o naranja); cortarse la mitad del pelo y la otra dejarla larga, o andar con el pantalón roto en tal o cual parte.

Pero cuando hablo de lo único de cada persona **pienso en lo que se es y no lo que se busca parecer o lo que se hace como reacción a lo que no se quiere ser.**

¿Vieron que mucho adolescentes le dicen que lo que sí saben es lo que **no** quieren ser? Un amigo cuenta el caso de un paciente muy difícil -que yo pienso que tuvo mucha suerte de dar con éste analista- que mejoró a lo largo de cinco difíciles años de tratamiento[29] ya en su adolescencia. En pocas palabras, el éxito para mí se debió a que el analista pudo sobreponerse a innumerables obstáculos provenientes de la gran reactividad del paciente y también de la fuerte reacción que podía producir su comportamiento en el analista. Eso facilitó que de a poco encontraran un lugar para que Roberto, el paciente, pudiera mostrar algo de su **ser** que fuese espontáneo y no reactivo. El médico, librado de su propias reacciones al paciente tras un prolongado esfuerzo, pudo participar del lugar de encuentro entre ambos, constituido en la ejecución de música con instrumentos creados en el consultorio y letras desarrolladas por el paciente que eran registradas en simulacros de "grabaciones de estudio" con la ayuda de un grabador y cintas que a veces se guardaban y otras eran transformadas.

A través del relato vamos viendo cómo se despliega una novedosa y original modalidad. No es solo el canto, o la instrumentación, lo que constituye lo original, cantos e instrumentos hay muchos. Es una particular combinación de instrumentación alternada entre el médico y el paciente, la construcción de letras originales (no "geniales" en un sentido comercial, pero si originales y significativas, dentro del texto de la vida del chico). La idea del registro de "estudio" hace pensar en una audiencia potencial, en un trabajo de edición, corrección y arreglos, que apuntan a una precisión en el mensaje, tanto en su contenido como en su forma. Los "ensayos" previos no son otra cosa que esa búsqueda propia de toda creatividad, donde se mezclan la inseguridad del como seremos recibidos con el deseo de ser comprendidos, la necesidad de ser "vistos y oídos" en algo que es propiamente nuestro, que nos sale de las tripas y por lo tanto nos "expone" y

---

29 "El Jugar del Analista", José A.Valeros, Fondo de Cultura, 1998.

nos lleva al riesgo de ser dañados en nuestra entraña misma. La modalidad elegida del "rock" en su variante "protesta" también indica que queda un resabio de enojo en esta transformación creativa de una historia de dolor, soledad, incomprensión.

El éxito de la gestión curativa radica en este caso en la posibilidad que se le da a Roberto para "ponerle letra" al drama de su desarrollo incompleto, desviado y tortuoso. Esto es posible por el respeto que desarrolla el médico para el camino y las formas elegidas por el paciente para expresarse y en la capacidad de entender, antes que nada, que Roberto tiene algo para expresar y que si le ayudamos un poco nomás, va a encontrar el camino para hacerlo, y el resto será nuestro trabajo de comprensión, traducción y devolución. Aunque creo que a Roberto le bastó con lo expresado en esas primeras estrofas del Martín Fierro "... como el ave solitaria, con el cantar se consuela...".

Lo "único" acá es la letra en sí, presentada a modo de musicalización de un cierto tipo, con instrumentos inventados y en una situación imaginaria de estudio de grabación, preparando una edición elaborada para un público determinado.

La "corrección" se dio cuando el Otro con quien Roberto se comunicaba, facilitó la elección del "como" quiso comunicarse Roberto, a través de poder elegir (la instrumentación, la situación imaginaria de estudio) la forma de canalizar sus iniciativas orientadas a "hacer sentido" de sus vivencias más dolorosas y desarticuladas.

En el ejemplo de Roberto vemos el uso de la creatividad, al servicio de la producción de experiencias que dieran sentido a vivencias desarticuladas, en un ambiente de respeto por su expresividad, dándose finalmente una situación bastante única.

Agregaría una característica más de lo **individual** como algo **único**: la naturaleza **emblemática** de la construcción creativa de un conjunto de iniciativas orientadas a la producción de experiencias específicas.

¿Qué quiere decir esto?

El emblema es definido por la Real Academia como: "...cualquier cosa que es representación simbólica de otra...". O sea, el emblema representa algo o alguien. En el sentido que le doy acá, el acto llevado a cabo como consecuencia de una secuencia de espontaneidad> iniciativa > acción >vivencia, es representativo de quien lo lanzó mediante su iniciativa. Más corto: lo que hacemos "desde las tripas", surgido de nuestra intimidad, nos representa como una escarapela representa nuestra adhesión a nuestro país, o la camiseta de Boca[30] que nos ponemos para jugar el picadito del domingo es el emblema de nuestra adhesión futbolística específica.

Entonces quien maltrata nuestra iniciativa nos maltrata a nosotros mismos directamente. O tanto más directamente cuanto más cercanos estamos a nuestras iniciativas, cuanto más profundamente nacieron en nosotros, cuanto más las carguemos con un sentido nuestro.

Entonces, cuanto más bruscamente le quite de las manos la cuchara que se robó el bebé durante la comida, o cuanto más lo interrumpa en sus exploraciones, tanto mayor será la cantidad de veces que escupa la comida, cierre la boca o gire la cabeza cuando le acerca la cuchara. Eso a nivel bebé de pocos meses. Trasladado a momentos del segundo año, cuando la exploración es más amplia por la deambulación, dependerá de lo mucho o poco que usted haya adecuado la casa al bebé; si dejó todas las porcelanas de su abuelita a menos de 1,20 metros van derecho para la guerra, usted, el bebé y las porcelanas.Si en cambio el

---

30   ¡Está bien! Póngase la de River si tanto le afecta.

chico tiene su corralito, su habitación con la media puerta, juguetes adecuados y un mínimo de atención regular es posible que puedan coexistir en la misma casa. Y que el bebé crezca sin excesivas luchas, logrando su desarrollo personal.

Porque de eso se trata. El curso de las iniciativas es el camino por el cual se va construyendo la trama personal y única del conjunto de experiencias cuya suma hace a nuestra identidad, a nuestro modo de ser, a nuestra historia personal. Dicho de otra manera, a medida que vamos realizando nuestras vivencias más primitivas transformándolas en experiencias, tendremos una forma de poder hablar desde nuestra "experiencia de vida" sobre nosotros y sobre lo que nos rodea. Podremos desarrollar pensamientos que reemplazan la exploración física del mundo, o las complejas experimentaciones manuales.

Todo esto hará emerger nuestra personalidad gradualmente como va surgiendo una imagen fotográfica sometida al proceso de revelado. En ésta metáfora, los productos del revelador son nuestras interacciones con el mundo donde las vivencias grabadas en nuestro interior son las impresiones lumínicas depositadas sobre el papel fotosensible que es nuestro psiquismo, nuestra "alma", dando como producto final una imagen compleja de múltiples tonalidades que de alguna manera es representativa de nosotros en tanto se puede representar una vida personal a través de algunas de sus manifestaciones[31].

Ser uno mismo, pero sobre todo la insistencia en las bondades de un desarrollo individual, de hacerle lugar a lo único en cada ser, el respeto de las características más individuales, despierta fuertes resistencias públicas de raíz cultural. Se teme al

---

31   Se suele decir que una obra de arte lleva el signo indeleble e inconfundible de su autor. También se dice que el autor se siente representado por su obra: Si se ataca su obra puede sentirlo como un ataque personal. En otras situaciones se dice que alguien dejó su vida "en tal o cual realización".

individualismo como un peligro social, como el anti-ideal del ser para el otro, por el otro.

Creo que en esto se confunde **individuación** con individualismo. O dicho de otro modo, no se distingue todavía entre el proceso natural de la individuación y el individualismo como una desviación.

Propongo entonces distinguir la individuación como aquel proceso por el cual una persona adquiere las características únicas de sus circunstancias que determinan conjuntos vivenciales particulares que a su vez, si está posibilitada su transformación en las formas simbolizables y comunicables de la experiencia, hacen la trama de una personalidad dotada de las funciones propias de un Ser desarrollado, con pensamiento, comunicación, simbolismo, y creatividad.

El individualismo en cambio lo veo como una desviación causada por un fracaso en el proceso de la individuación antes mencionado. Este fracaso se debe a una resolución desafortunada de la ecuación básica (*preservar la propia iniciativa versus el acatamiento sumiso*) que mencionamos. Este fracaso lleva a acatamientos de diferentes grados de sometimiento y sus secuelas como la reactividad con sus trastornos de conducta o comportamientos antisociales, la alteración psicosomática, y el desarrollo deficiente de las funciones de simbolización, pensamiento, comunicación, aprendizaje y desarrollos creativos. Este conjunto de alteraciones en diferentes niveles (del funcionamiento, del comportamiento, de la integración) explica la introversión y la tendencia a centrarse en los procesos propios (mentales, orgánicos, afectivos), como un intento de lograr su remediación, a veces con éxito, parcial o más o menos total. Pienso sobre todo en las conductas alimenticias, del cuidado corporal, mediante recursos suministrados por la propia cultura que reacciona y ofrece este tipo de remediaciones alternativas, o bien con el recurso de procedimientos y sistemas propios de otras culturas, religiosos o filosóficos, o simplemente de "estilos de vida".

Otras veces los intentos centrados en sí mismo toman forma bizarra y repiten en otro nivel las alteraciones de conducta individual o social de chicos o jóvenes. Esto se manifestará en un modo de vestir o de arreglo personal chocante para la cultura existente o bien en conductas francamente hostiles hacia la organización social y cultural predominante, como un modo de autoafirmación hostil activa.

En síntesis, lo que se deplora coincidentemente como **individualismo** no es lo mismo que el **proceso de individuación,** necesario para el desarrollo personal y la constitución de una fuerte individuación.

Llegar a ser uno mismo, individuarse, requiere de un espacio que le hace el medio ambiente al bebe en desarrollo, en el cual podrá poner sus iniciativas en acción, logrando las vivencias de las cuales construirá su experiencia personal. Con ella construirá también una manera de entender el mundo que lo circunda. Esto es lo que los educadores buscaron entender durante mucho tiempo: la construcción (interna) de las representaciones del mundo. Los "psi" (psi-cólogos, psi-coanalistas,etc) le agregaron la comprensión del proceso por el cual se construye el sujeto mismo, el agente de las iniciativas, el recipiente de las vivencias, el procesador de las experiencias y el "archivo" de las imágenes, representaciones e ideas sobre sí mismo que conformarán al Ser individual, su identidad.

La valoración del bebé y su autovaloración

La valoración es fácil de entender, no hacen falta muchas explicaciones. A cualquiera se le ocurre que "chico bien querido es chico valorado".

Igual vale la pena hacer algunas aclaraciones. A veces un bebé es muy valorado porque se lo esperó mucho, porque es el varón que se quería tener, porque llena un sueño, colma una ilusión.

Pero si es valioso porque es importante para mí, ¿eso es lo mismo que bien querido?

¡No tenía ganas de discutir cómo se quiere "bien"! Pero parece que no nos salvamos.

Es el tema de las "mejores intenciones", es el tema de si lo que siento tiene que ver conmigo o con el otro, tiene que ver con que el amor es algo "puro". ¿Puro de qué? Parece que hay una idea que solo se puede hablar de amor cuando uno mismo no tiene nada que ver o no se beneficia en nada. Puro seria entonces despojado de egoísmos, sin la contaminación del interés personal. Como si amor fuese todo altruismo, todo por el otro.

Entonces el amor en el que pienso yo no es puro. Porque creo que si la mamá siente un gran orgullo por su bebé, y lo muestra como una cosa especial, si quiere decirlo así: si se **pavonea** con el bebé, a mí me parece que está queriéndolo a la vez que sintiéndose enriquecida, colmada, orgullosa. Si el bebé comienza a la sexta semana con la sonrisa social o voluntaria y le toca a la mamá y ésta se siente feliz, reconocida, valorada, creo que lo quiere a su bebé a la vez que siente que el bebé la quiere a ella.

"…El amor se demuestra quedándose toda (o media noche) despierta por algo que le pasa al bebé…." Sí, pero todo eso es más fácil hacerlo si el bebé se amolda en vez de ponerse duro, si sonríe en vez de tener la mirada perdida, si dice "mamá" en vez de quedarse mudo.

¡Pero eso es el amor del toma y daca!

Espere, no se acelere, estábamos hablando de la "pureza" del amor y usted vuelve con la abnegación, que sin duda es una característica del amor, sobre todo del amor materno. Sí, ya sé, una madre quiere al hijo aunque sea un asesino confeso, traficante o cualquier lacra (¿si la madre lo quiso "realmente" puede llegar a todo eso? ¡Otra vez estamos ante un planteo absoluto: ¡el amor materno tiene que poderlo todo!).

Sí, sí. Las madres son muy abnegadas. Sobre todo las que pueden. Porque hay las que son más fuertes y las que se aflojan más rápido, pero tenemos que medir abnegación en términos relativos a lo que cada uno puede. Y hay mamás que necesitan más "cebolla" que otras, que se gastan más rápido. Pero toda mamá disfruta, carga las pilas, con las señales que le da el bebé. Es más, ciertas funciones maternas solo "arrancan" cuando reciben una señal del bebé. Si el bebé no chupa, no se produce leche. Si el bebé chupa (durante varios días, con el recurso de hacer fluir leche por una cánula pegada al pezón) se produce leche, aunque la madre estuviera "seca" por haber estado separado mucho tiempo del bebé o si lo acaba de adoptar. Es decir, no se puede funcionar sin cierto grado de estímulo externo. Y digo externo, porque está el interno, el del deseo del hijo y también el del hijo de la percepción, o sea los recuerdos del bebé que dio señales en algún momento, que nos dio sorpresas, entusiasmo cuando lo vimos, tan igual o tan diferente a como lo esperábamos.

Entonces el amor materno es abnegado y si quiere agréguele incondicional, si pensamos en lo del asesino o de la "lacra con mamá". Pero no puede haber mamá de amor pleno si nunca recibió la menor señal de parte del bebé. Somos humanos y las madres también. Y eso significa que funcionamos por medio de señales que van determinando acciones en nosotros. Y ante

135

señales muy pobres es difícil construir un amor, no imposible, solo mucho más difícil. Y con mucha ayuda se puede, pero hace falta un "cebollón", que a veces tiene que incluir uno o varios terapeutas. Pienso en chicos con autismo temprano, con fallas genéticas que les anulan el sistema de señales, en bebés con severo daño neurológico. Piense, en cambio, en la diferencia con un bebé con síndrome de Down, ¿vio cómo logra padres, hermanos y amigos felices? Pero observe también la calidad de su comunicación gestual, facial, su amplia sonrisa, su acercamiento, su confianza, su entrega.

¿Por qué ese ideal de abnegación? No sé, pero las investigaciones lo que confirman es que funcionamos sobre un sistema de intercambio de mensajes y señales y que éstas son las que ponen en marcha conductas. Y eso es lo natural. Claro, lo natural se puede alterar, y una mamá puede no leer señales que sí le mandan o leerlas al revés, o interpretarlas de cualquier manera.

Amor es igual a valoración y amor es un fenómeno humano complejo, pero que necesita dos involucrados y está basado en algo que se da y en algo que se recibe.

Al revés, valoración no es igual a amor y es por el significado de la valoración que puede no tener que ver con el bebé como individuo, como ser independiente, como sujeto de la valoración. Si la valoración está centrada en razones solo parentales al bebé le sirve de poco, o de nada, o le puede hacer daño. Un bebé que tiene como destino el deseo exclusivo de los padres (por ejemplo reemplazar un hijo cuya muerte no fue aceptada, o lograr un beneficio como una herencia o un subsidio, cubrir un sentimiento de deficiencia social por no tener hijos) no tiene destino propio, no tiene valor por sí, no es valorado por sí.

Si entendemos esto, lo siguiente es más fácil de aceptar: en la medida que para los padres exista el bebé de la percepción, (¿se acuerda de los tres bebes de la mamá?), tantas más posibilidades de valoración del bebé habrá.

Se lo digo de otra manera: si usted valora lo que el bebé ES y no lo que usted quiere que sea, el bebé se sentirá valorado. Será valioso por SÍ, no por lo que le significa a usted.

Bueno, ve, acá puede aplicar la abnegación que tanto vuelve y vuelve en las conversaciones, en las admoniciones, en toda la cultura. Esa es una abnegación que acepto que valga la pena. La abnegación de los propios deseos para el bebé a favor de sus propios deseos. ¡Y no me empiece con lo de la malacrianza y de los límites, porque de eso ya hablamos! No creo en el bebé dueño absoluto de la cancha, el que tiene que hacer cualquier cosa ¡porque lo dice el tipo ese de las iniciativas!

A ver si con este ejemplo me explico mejor: si usted logra detectar los crecimientos, logros, desarrollos de su bebé y se los hace notar con su alegría de verlo desarrollar usted está valorando al bebé y el bebé se sentirá valorado por sí-mismo.

Es un poco como un espejo. Si usted refleja lo que el bebé va descubriendo, lo que va pudiendo, lo que inventa, lo que transforma en un juego, lo que crea con su "cabecita loca", usted está contribuyendo a la valoración del bebé.

Espejo. Esa es una síntesis bastante compacta de la valoración adecuada.

Pero como espejo no piense en el pedazo de vidrio pintado, en una "cosa". El espejo que somos para otros, entre nosotros (¿Qué? ¿A usted no le importa que le descubran sus creaciones, sus genialidades?). No es un espejo inerte que no puede hacer otra cosa que reflejar según las leyes de la física óptica. Somos espejos humanos, y ponemos nuestro granito de tal o cual cosa. Mientras le sonríe al chico porque puede hacer algo nuevo, también le manda alguna señal de cómo hacerlo mejor, o terminar de aprenderlo. También le está dando a entender que lo que hace es algo bueno o al menos no es algo malo (introducción a las reglas, o si quiere a la ética). También le está diciendo, "yo estoy acá, atenta a lo que haces, te acompaño en tu descubrimiento". Es decir somos espejos multicanales, mandamos varios mensajes por el mismo medio de observar y de responder a los estímulos del otro, en este caso el bebé (pero lo mismo pasa en la pareja, en una amistad, en la relación con otros cercanos).

Algo de esto que se nos escapa a veces es que el simple hecho de estar atentos, acompañando y de ese modo descubrir lo que logra el otro, en este caso el bebé, tiene un poder muy grande ya que confirma que el otro es y es reconocido como el que es capaz de tal o cual cosa.

Es decir, confirma la existencia del otro. ¡Casi nada!

Si lo queremos simplificar (¡siempre un riesgo!) podemos decir que: **verse confirmado en que uno Es, puede ser lo esencial de la valoración.**
Pero quédese tranquila porque no todo depende de usted. El bebé tiene que hacer algo también. Y no olvidemos la cebolla: papá, los tíos, abuelos, y el resto.

¿Qué hace el bebé para su valoración?

Si lo dejamos, dentro de los límites negociados, desarrollará sus iniciativas. Eso le dará la posibilidad de acumular vivencias y experiencias. Algunas de ellas son sobre el mundo, otras son sobre él mismo. Ya más arriba contamos que cada experiencia que hace el bebé como consecuencia de sus iniciativas son en realidad como tres experiencias: 1) lo que descubre en el mundo (por ejemplo, el calor del puré); 2) como se hace para descubrir, el "know-how", saber cómo, (en este caso meter el dedo-termómetro en el puré), y 3) descubrir que se descubre (si meto el dedo en todo lo que puedo tengo sensaciones nuevas, soy alguien que tiene herramientas para descubrir, soy alguien que tiene ganas de conocer. un explorador, un descubridor).

¡Ehhhh! ¿El pibe es Sócrates? ¿Todo eso piensa un bebé?, ¡andaaaaa!

Bueno, está bien. No lo piensa, ni tiene las palabras para expresarlo ni así ni de ninguna manera. ¿Pero sabe en qué es igual a Sócrates? Mírele la cara cuando pasa con el dedo del vaso de agua al puré, al menos la primera vez. ¿Qué le ve en la cara? Sorpresa. Y bueno, entonces es como Sócrates. Porque Sócrates decía que lo que lleva a la filosofía es la sorpresa, el maravillarse ante las cosas, cualquier cosa.

¡Sí, el pibe es Sócrates! Sócrates y Galileo y Newton y Gardel. Vuelve a descubrir con sus ansias de salir al mundo todo lo que éste tiene para ofrecer; y se lo dedica a la madre. Por eso Gardel.

Pero más en serio. La construcción que el bebé va haciendo mediante sus iniciativas y su contacto con el mundo, siempre atento a lo que le va diciendo el espejo-mamá, es una intrincada red de vivencias que se registran en su interior de eso que está afuera. Pero también de eso que él mismo es. Descubre su torpeza o su destreza, se enoja consigo o con el mundo cuando no puede algo y se congratula (basta una sonrisa de satisfacción) cuando algo le sale bien.¡Y hay veces que se le ve en la cara que se siente un maestro! Tantas veces le salió bien la misma experiencia que mira medio de costado, con una sonrisita, como diciendo:"....¡Que maestro!....".

Eso es descubrir lo que se llama maestría. Aquella capacidad adquirida, que repetida gran cantidad de veces sale siempre igual o mejor. Aunque sea enroscarle la tapa a la mamadera, porque hay que ver "maestro en que", ¡no va a dirigir la orquesta del Colón!

Maestría o destreza, son dos cosas muy parecidas, y se van inscribiendo en nosotros como un conocimiento de nosotros mismos. Son la consecuencia de iniciativas que repetimos en la realidad y que nos dan el resultado buscado, una y otra vez, por lo tanto podemos decir que vamos construyendo un conocimiento de nosotros mismos que depende de la libertad de acción que tengamos en el ejercicio de nuestras iniciativas.

Esto último marca el camino de la autovaloración, de cómo vamos construyendo ciclos de iniciativa>vivencia>experiencia, que no solo construyen una representación del mundo dentro de nosotros, sino también una representación de nosotros mismos: como diestros, o torpes; como exploradores, como agentes de nuestras acciones y experiencias, como alguien querible por mamá (o sea valioso), o alguien "que se porta mal" haciendo enojar a mamá (des-valorizado).

La valoración nos viene desde afuera, por parte de los reflejos que provocamos en quienes nos miran y que de esa manera cumplen una función de espejos que nos muestran lindos o feos (¿se acuerda aquellos del parque de diversiones que mostraban al cuerpo deformado?). La valoración también la construimos con nuestras acciones en tanto éstas nos proveen de vivencias>experiencias sobre el mundo y sobre nosotros mismos.

(Insertar acá la Figura 2).

Hablando al papá

¡Sí! ¡Usted también existe! No todo es bebé y mamá. Hay un padre. Si bien el engendrar un hijo es más fácil que criarlo; más simple que **hacerse padre**. Un dicho europeo habla que **apadri-**

llar es fácil, hacerse padre en cambio muy difícil.

Si ya leyó lo de "la cebolla" (ver EL NIDO más arriba) sabrá qué importancia tiene su lugar. ¿Pero por qué no lo traducimos a la vida diaria?

¿A usted que le gusta de los bebés?

¿No le gusta pasearlos, tenerlos en brazos, llevar el carrito? Antes, hace 20 años, era rarísimo ver un papá llevando un carrito de bebe. Ahora es raro que se lo presten a la mamá. Y creo que los papas hemos recorrido un camino importante, nos pudimos hacer un lugar. Los bebes siempre fueron *propiedad* de mamá, o peor todavía, de la mamá de la mamá, o sea su suegra. Costó entrar en la sala de partos[32]. Fue difícil conquistar un espacio en la crianza del bebé pequeño. Hay dichos populares que se refieren al papá como "incapaz" del cuidado de un bebé pequeño. Y los papas durante años lo aceptaron así; se transformó en motivo de alarde: "Yo no me ocupo de eso, es cosa de mujeres". Y ese es otro punto, las diferencias entre los sexos, para los que tenemos cincuenta o más, era muy rígida, poco natural. Los matrimonios hoy no piensan ni se portan como fuimos educados nosotros. Han hecho un cambio que no pasa por la apariencia externa (los varones con pelo largo y arito) . El trabajo, el estudio de las mujeres (¿sabía que en la Universidad de Buenos Aires estudian más mujeres que varones?), también contribuyó a la nivelación. Hoy ganan igual o más que muchos varones con los que están en pareja, a pesar de ser cierto que a puestos iguales las mujeres aún no ganan lo mismo que el hombre. Pero más allá de esas señales externas, hay cambios en

---

32 Este libro se publica en un nuevo siglo en el cual puede parecer anticuada una formulación así. Hoy muchos maridos dan por descontado que estarán en la sala de partos. Para los abuelos entonces que lean esto y para los padres que "todavía no" es que recordamos esto.

el interior, en el comportamiento. Ya no predomina el modelo del varón recio, sin afectos, aquel que no debía llorar, y sí en cambio debía dominar, imponerse, por la fuerza o por el camino que sea. Hoy el varón desarrolló ternura y junto con ella la capacidad de tomar y cuidar un bebé. Y con eso descubrió nuevos placeres, una forma de **potencia varonil** desconocida y hallada en el cuidado de la fragilidad de un bebe, en la detección de señales muy tenues, en el abrazo a la mujer que amamanta muerta de sueño a las 3 de la mañana. Que lindos recuerdos de esos momentos en el medio de la noche, -¡con tanto sueño! -, en los cuales se descubrió un afecto tierno, una relación emergente entre esos tres seres. Aquel que los lleva consigo se siente enriquecido, transformado y no los cambiaría por ningún viaje de placer ni suma de dinero.

Todo esto hizo que el varón "se avivara", que no quisiera perderse eso que las mujeres disfrutaban tanto, por más quejas de dolores y cansancio. Es cierto que una parte del cambio vino por necesidad: menos posibilidades económicas, desocupación, falta de abuelas, migraciones y nuevas condiciones habitacionales.

Ya que mencionamos las circunstancias sociales y económicas, ¿cuál es el lugar que les cabe en esta problemática del padre? Porque hasta ahora hablamos del cambio favorable que tuvo el varón acercándose a su bebé, a su mujer en crianza, aprendiendo, apoyando, descubriendo. Este es el papá de las condiciones de normalidad, de la salud, que es nuestro objetivo en esta presentación. Pero no podemos ignorar las desviaciones que ha sufrido la crianza del bebé: padres ausentes, golpeadores o abusadores. Madres solteras y madres adolescentes, y madres las dos cosas. Chicos de la calle, familias desmembradas, migraciones, pérdida de inserción comunitaria y cultural, gobiernos indiferentes, "cebollas podridas", sin más que una capa o dos que sostenga al núcleo-bebé.

Entonces, ¿cuál es el papel de las condiciones sociales y económicas en el rol del padre, ya que de él hablamos?

¿Cómo era históricamente la relación entre los miembros de la familia, y en qué cambió ahora? Hay menos convivencia, se comparte menos la vida. En la mayor parte de la historia, el ser humano vivió predominantemente en zonas rurales, toda la familia junta, por estirpes o clanes. En los pueblos y ciudades papá era muy posiblemente alguien que trabajaba en la casa o en el negocio contiguo. O volvía a casa al mediodía. Cuando estaban juntos no tenían otras distracciones que hablar entre sí, hacer música, cantar o enseñar a los chicos, que compartían todo, cocina, fiestas, tareas y obligaciones.

Después de la revolución industrial, primero papá pero muy rápidamente también mamá, se alejaron de la casa para trabajar, y a veces bastante. El progreso nos trajo los medios de comunicación, la radio y la tele. Más allá de sus méritos, el uso que se les da en muchas familias ya sabemos que es contrario al diálogo y la convivencia: la niñera electrónica, el apaciguador de discusiones, el consolador afectivo.

Volviendo al padre contemporáneo, cuando se producen las quejas por su "ausencia" y se la relaciona con las drogas, la falta de límites, la delincuencia, ¿en qué momento se pregunta por su lugar en la sociedad? ¿Cuándo se le hizo un lugar, valorizado, destacado? ¿Cuándo se enseñó -a padres y madres- lo que les tocaría vivir, reemplazando el desmembramiento familiar, cultural que cubría ese rol? ¿Cuándo se trasladó el enorme caudal de conocimientos adquiridos sobre las necesidades y capacidades del infante humano a la enseñanza? ¿Cuál es la política comunal, estatal para la familia? ¿Y qué política tienen las empresas para sus empleados y trabajadores que se relacione con las necesidades familiares?

La situación del padre la va a tener que resolver cada padre en su situación. Los padres como grupo podrán contribuir a una mayor conciencia de las necesidades que descubren para cumplir con su función. Tomarán posturas ante las madres, abuelas, que no comparten y públicamente ante los prejuicios anti-padre.

Claro, para muchos de ustedes todo esto es "pan comido", porque nacieron a la paternidad dentro de los últimos 10 o 20 años. Pero los que venimos de antes no la tenemos tan clara. Porque la cosa cambió en los últimos 20 años. En realidad mucho más en los años 90, llamados por alguno la década del padre. Durante éstos años se produjeron cambios sociales y culturales que hicieron del padre una figura de primer plano, cuando antes estaba en el fondo. Por ejemplo, investigaciones de 30 años atrás (con algunos defectos de diseño) mostraban un tiempo promedio de ocupación del padre con el bebé de 12 minutos. En estudios más recientes se indican promedios de 2.4 a 3.6 horas por día de actividad paterna con su bebé.

¿Y, qué hacen los papás con sus bebés? Podemos dividirlo en cuatro categorías: 1) los que hacen lo mismo que la mamá; 2) los que juegan con o enseñan algo al bebé; 3) los que se limitan a poner las reglas y definir la disciplina; 4) los que no dan bolilla de ningún tipo.

¡Ojo! Estos últimos aumentaron mucho con la figura famosa del "padre ausente". De no estar físicamente a no estar con la cabeza o el corazón donde está su mujer y su bebé, aunque coma en la misma mesa. Pero hoy hay muchas mamás solas, el papá pasa a saludar de vez en cuando, y no todos. Esa categoría aumentó mucho en los últimos años. En América del Norte pasaron de ser un 17% en el 65 a un 40% en el 95. Acá no sabemos, acá en la Argentina digo. No hacemos muchos estudios y no publicamos muchos datos tampoco. Sería interesante saberlo. Acá hay un concepto ya establecido, la "madre jefe de familia", o sea sin compañero fijo. Lo alarmante es la progresión de éste fenómeno: se dice en algunos trabajos que en esta nueva década, que coincide con el nuevo centenario, ¡los chicos nacidos tienen una probabilidad del 90% de no vivir con el padre! Aclaremos que es una predicción en base a estudios estadísticos de Norteamérica, con una serie de problemas sociales. Pero acá ¿no tenemos problemas sociales? Lo que no tenemos seguro son estudios confiables.

¡Bueno, pero que importa si el padre está o no está!

Las suegras ya no dicen eso, o no debieran decirlo, porque está comprobado que tiene consecuencias muy importantes que el padre no esté. Por ejemplo, se sabe que el padre actúa por 1) acción directa sobre el chico; 2) acción sobre la madre; 3) contribuyendo a un clima doméstico de conyugalidad (feliz o infeliz).

Y eso importa ya que en un estudio sobre 1300 chicos con problemas de conyugalidad o ausencia del padre se observaron las siguientes consecuencias: **estos chicos eran cinco veces más temerosos que aquéllos otros que disfrutaban de buena parentalidad conyugal y de la presencia del padre. A los cuatro o cinco años, los chicos con hogar-problema, evidenciaban menor estatura, mayor timidez y una sobredependencia emocional con sus madres.**

Pero la cosa va más lejos aún, en otro estudio[33] se comprobó que si las madres están acompañadas por sus compañeros, tenían mejores partos y los hijos eran de temperamento más fácil. Esto es muy sorprendente, ya que siempre pensamos que el temperamento tenía mucho de biológico, algo de la mamá y un poco de papá. Pero acá se demuestra que es influenciable

---

33 Todos estos datos se pueden verificar en el capítulo 9-volumen 3 del WAIMH Handbook-pág.271-297, Wyley, New York, 2000.

---

por un estado vivido por la madre en ciertas condiciones de su embarazo y parto.

Hay investigaciones que abarcan más etapas en la vida del chico con problemas domésticos de conyugalidad o ausencia del padre. Se llega hasta la adolescencia y se estudian más factores. *Se comprueba así que: 1) tienen más problemas en el colegio y suelen abandonar, desertar, con mayor frecuencia; 2) tienen mayor cantidad de problemas de conducta y emocionales; 3) se inician más tempranamente en actividades sexuales; 4) son más propensos a desarrollar adicciones al alcohol o a drogas; 5) son más frecuentemente víctimas de abusos y negligencias; 6) en la adolescencia el índice de suicidio en éste grupo se triplica.*

¡Casi nada!

¿Pero en qué influye el padre? Además de su presencia en relación con el chico está la de la influencia sobre la madre y la creación de un clima de conyugalidad, de lo que ya hablamos. Pero específicamente, ¿qué hace?

Puede duplicar a la madre, pero no parece ser lo importante. Está lo de la disciplina que mencionamos. Lo central es que se relaciona de otra manera que la madre. Es más brusco, juega más fuerte. ¿Y esto de qué sirve? Dicen los "bochos" que el juego más violento y rudo del padre, enseña autorregulación, el bebé aprende a darle dimensión a sus emociones y sus estados. Parece que también contribuye a que el bebé aprenda a "leer" mejor las señales emocionales, por ejemplo la mirada de afecto que acompaña al vozarrón y el grito de papá cuando hace volar al aire al bebé, produce en el chiquitín una mezcla de horror y tranquilidad que va transformándose en tranquilidad sola a medida que progresa en el aprendizaje de lectura de las señales de cuidado y afecto que acompañan al gesto violento. Y en esto no da lo mismo el tío que el papá, o un hermano mayor. La señal de papá es la que da mayor tranquilidad y no es intercambiable por cualquier otra figura masculina.

Después se sabe que el papá disponible da una seguridad que se suma a la que da la mamá. Cuando mamá está ocupada y no puede atender al bebé aparece el olor y el ruido a papá que da una tranquilidad parecida a la que da mamá, salvo que la situación sea extrema, pero en ese caso la mamá tratará de estar.

El papá que toma sus responsabilidades es otro aspecto de papá que el que juega. Esto seguramente se expresa por vía de la mejor conyugalidad que incide indirectamente en la crianza.

Si como grupo social, o como "cultura" incorporamos la importancia del padre y le damos las señales correspondientes, le hacemos más fácil estar. O le hacemos más difícil borrarse. Esto es un trabajo de todos, de la comunidad, de la sociedad, de los grupos culturales, de los medios. ¿Se enseña en los colegios como se es papá?

No creo, ¡si ni siquiera se enseña que es ser mamá!

El reemplazo de mamá: Abuela, Guardería, Jardín Maternal

¿Se puede criar al bebé sin una mamá? En realidad esa es una pregunta tramposa. Hay situaciones en que no se puede tener a la mamá y hay que arreglarse. Es muy grave, pero también bastante poco frecuente: muerte, internación prolongada, prisión, no son cosas de todos los días, si bien suceden.

La pregunta entonces es, *¿cuánto puede faltar mamá?* En horas por día, en días por semana. ¿O en qué momento puede irse mamá? ¿A los cuarenta y cinco días como dice la ley de contrato de trabajo? ¿O conviene esperar a los seis meses, al año?

Muchas mamas ni se pueden plantear esta pregunta. Tienen que marchar al trabajo y chau bebé, buena suerte con Abuela, con Papá, o en la... casi digo guardería... en el Jardín Maternal.

Por ahora estamos con el *cuándo* y *cuánto* y *con quién*.

Ningún bebé viene de fábrica para arreglárselas solo. Los primeros meses de vida fueron llamados el "período de embarazo psicológico", donde bebé y mamá constituyen una unidad indivisible.

Que un bebé no se ponga verde cuando la mamá le falta y rosado cuando está con ella es una falla de la naturaleza que nos obliga a mirar por otro lado para ver qué le pasa a los chiquitos cuando están separados.

Pero ahí empiezan los intereses de sector. Habrá quienes dirán que como no se pone verde en realidad no le falta nada. Traducido: ¡si le faltara algo gritaría, se expresaría de algún modo!

Sí, pero... Hay expresiones que se pasan por alto muy fácilmente. Por eso creo que la naturaleza tendría que habernos provisto del color verde para expresar nuestros disgustos más tempranos y menos expresables[34]. Entonces no habría dudas. Así, hay muchas interpretaciones y no siempre coincidentes, y por eso en el "mar revuelto" del desacuerdo pescan los oportunistas del abuso. Son pocos los Estados que protegen la maternidad como un periodo prolongado. En nuestra legislación una mamá cuenta con 90 días de licencia, pero Ojo! - para acumularlos después del parto tienen que usar una trampita. Pregunten a los obstetras cuando tienen que "meter la mula" con el certificado de la fecha probable de parto, para que las mamas

---

34 Expresiones populares tales como "se puso verde de envidia" no siempre exageran. El color amarillo-verdoso que tienen los enfermos hepáticos se debe a la bilirrubina que circula en exceso por falta de eliminación en los trastornos hepáticos graves. Desde las primeras épocas de la medicina, Hipócrates -sí, el del juramento- le asignaba "carácter bilioso" a ciertas modalidades personales. En esto, el cuerpo suele ser una forma de expresión de emociones y conflictos muy profundos, para los cuales "(todavía) no encontramos palabras".

puedan quedarse en sus casas los 90 días. Esto contrasta con los países escandinavos que otorgan diferentes beneficios según sus legislaciones particulares. Por ejemplo en Suecia se puede optar por una licencia de 10 años con un porcentaje de 50% o menos de su remuneración. En otros países como Finlandia, le otorgan 3 años -con beneficios salariales reducidos- por cada nacimiento. Francia también tiene una legislación que favorece. Más allá del subdesarrollo o de"país en vías de..." lo que nos falta es mayor discusión pública de éstos temas. No le interesan mayormente a los medios, que en estos momentos limitan programaciones de difusión de estos temas específicos eliminando o restringiendo la programación orientada hacia la información de la mujer. El espacio que tiene en la cultura contemporánea nuestra el bebé, la crianza, la parentalidad, los sistemas de cuidados del niño, la educación temprana y la posterior[35], la intimidad en general es muy reducido a expensas de aspectos más sensacionalistas y superficiales.

Sea cual fuese esta situación, la mamá se va, en la mayoría de los casos poco tiempo después del parto y deja el chico como, donde y cuanto puede. No tengo estadísticas -porque no las hay- pero es así para al menos 3 de cada 4 mamás. Porque es mucama y no tiene medios, porque es ejecutiva y pierde la carrera por el puesto, porque estudia y trabaja a la vez, porque teme quedarse sin el empleo.

Antes eran las abuelas maternas que se quedaban con los chicos. Ahora muchas trabajan, otras van a la universidad, algunas se volvieron a casar y tienen otro hogar.
Y sino la mamá no quiere dejarlo con la abuela: "No, con

---

35 A no ser por sus aspectos políticos, donde se quiere impresionar con edificios escolares que se inauguran (a veces sin el equipamiento correspondiente) o los ataques a las programaciones para derribar a un adversario electoral, o para prestigiar o también desprestigiar a un funcionario de una determinada corriente.

mamá no, por tal cosa....". Todavía no nos llegaron algunas de las ventajas del primer mundo al que dicen que pertenecemos. Por ejemplo el derecho de un padre a pedir licencia para criar a sus bebés porque la madre está en una circunstancia laboral especial y no puede dejar. Algunos papas se hacen cargo, porque están desocupados, o comparten las tareas con la madre. Pero todavía es una minoría.

Están los lugares pagos. Se llaman Jardines Maternales pero muchas veces son simples "guarderías", donde literalmente se guardan los chicos hasta que se los puede llevar a casa después del trabajo.

Están los lugares que disponen las empresas. En algunos casos son verdaderos modelos de lo que se puede hacer en esta materia. Algunas Obras Sociales han producido programas y ambientaciones muy perfeccionados y cuidadosamente atendidos y vigilados.

En los barrios marginales se hicieron experiencias de "cuidados alternativos" donde grupos de madres comparten la tarea para que un grupo salga a trabajar y otro se quede a cuidar a los chicos de todas. Se aplicaron modelos de otros países latinoamericanos y hay exitosos ejemplos.

Pero la combinación de todas estas modalidades no alcanza a beneficiar ni a la mitad de los chicos menores de 3 años. Me arriesgaría a decir que la atención es medianamente satisfactoria a muy buena en, tal vez, un tercio de la población infantil.

El resto está a cargo de: hermanas menores de edad (de tan solo 8 o 9 años en muchos casos), en "guarderías" pagas o institucionales, al cuidado de adultos enfermos (física o mentalmente), al cuidado de personas mal pagas y nada preparadas. La alimentación suele ser inadecuada, como lo es el cuidado de la salud, la vestimenta y las posibilidades de estimulación para un desarrollo adecuado, sin prevención ni controles. Tal la realidad de los otros dos tercios. Las leyes escritas son mejores que el panorama que se palpa en la realidad cotidiana. Muchas cosas están previstas y algunas hasta se piensa en algún nivel de gobierno que están en funcionamiento y ejecución cuando no lo están o solo parcialmente. Y esto no ocurre solo por corrupción sino también por ignorancia, falta de planificación, de control y fiscalización. Los funcionarios rotan, la preparación no es un requisito más importante que el "contacto" con los niveles de poder, el entrenamiento deficiente.

¿Por qué le hablo de política, si éste es un libro para padres, sobre la crianza? Porque la política se encarga de los asuntos de interés público, porque la comunidad -regida por la organización política del estado- debiera ser la capa más externa de aquella "cebolla" de la que le hablé en el capítulo sobre "El Nido". Somos - debiéramos ser- sostenidos por la organización social, cultural y comunitaria. Nuestro esfuerzo de crianza no puede agotarse en nosotros; somos asistidos por nuestras familias ampliadas, por nuestra cultura, por la comunidad en que vivimos, por el cuerpo social todo. El padre alcohólico que no es rehabilitado, el desocupado sin subsidio ni asistencia, la madre sin licencia, la falta de programas de prevención, la ausencia de controles nutricionales, son deficiencias del tejido de sostén, hacen un nido frágil y expuesto a las inclemencias.

Usted no podrá arreglarse sola o solo. No por deficiencias suyas, sino porque no hay cebolla de una sola capa, no hay nido con plumas solamente y sin soporte. Sépalo cuando elige quien la representa, sepa quien la representa y trate de llegar hasta él o ella, hágase oír, adhiera a los movimientos u organizaciones que reúnen y agrupan a padres, llame a las radios, escriba a los diarios si puede, proteste, señale, pida, denuncie, exija.

La experiencia de Skeels[36]:

Merece un párrafo para sí la experiencia que efectuó este psicólogo en los años 30. Comenzó con una observación casual. Siendo psicólogo de un orfanato y de dos instituciones para retardados mentales, comprobó que dos pequeñas de 12 y 13 meses de edad, cuya edad mental era del 50% de su edad cronológica fueron transferidas a una institución de retardados mentales. Visitando a ésta última, unos meses después, encontró que las dos pequeñas, ahora de 2 años, eran casi irreconocibles: jugaban, sonreían, correteaban, y hablaban pocas palabras, pero podían comunicarse. Al testear la edad mental comprobó una adecuación a la edad cronológica.

Esta observación llevó a Skeels a proponer una investigación. En la misma se transferirían chicos a la institución de retardadas mentales mujeres, a razón de un chico por cada servicio o grupo de 30 internas, administradas por una matrona, una ayudante y una miembro del staff profesional.

Como contraste se observó a un grupo de chicos de la misma edad y de un número parecido, 13 en el grupo experimental y 12 en el de contraste. Los chicos del grupo control quedaban en el orfanato.

De los chicos transferidos a la institución para retardadas mentales, se observó que una de las internas (edad oscilando de 18 –50 años), en general de las más jóvenes, "adoptaba" al chico/a asignada al grupo, mientras las demás internas funcionaban de "tías afectuosas". Los miembros del grupo administrativo y de cuidados también se involucraban con los chicos

---

36 Harold M. Skeels, "Adult Status of Children with Contrasting Early Life Experiences" Monographs of the Society for Research in Child Development, Serial N° 105, 1966.

transferidos. Entre las ocupaciones de los profesionales y encargados, figuraban las salidas en automóvil, la compra de juguetes y de material de juego y trabajo escolar, la ocupación de tiempo con los mismos. En todos los casos, alguna de las internas del servicio se había hecho cargo en una relación uno a uno con el chico/a del grupo experimental, ocupándose a diario del mismo, acompañándola a los espacios de juego en el exterior y en la casa durante el mal tiempo.

Los chicos del grupo control que se quedaban en el orfanato seguían el ritmo del mismo, yendo a su preescolar cuando alcanzaban la edad mental suficiente. La elección para ser transferidos a la institución de retardo mental de los chicos del grupo experimental se basaba justamente en el hecho que resultaban inadecuados para ser dados en adopción por presentar en el momento de la evaluación Cocientes de Inteligencia dentro del rango del retardo mental, con una media de 65 puntos. Los del grupo control fueron elegidos retroactivamente de entre los chicos que habían permanecido dentro del orfanato, habían sido evaluados por su Coeficiente de Inteligencia (CI), continuaban en el orfanato a la edad de 4 años, y pertenecían a un grupo de preescolares en control periódico. Como grupo presentaba un CI promedio de 83 puntos, o sea aproximadamente un 20% más alto que el del grupo experimental. La atención que recibían en el orfanato era un manejo masivo de perfil y currícula uniforme para todos. No se individualizaba el trabajo con los chicos. No había una relación interpersonal uno a uno con ninguna persona del staff. No estaba previsto sacar a ningún chico del tratamiento grupal que recibían como entidad total de huérfanos a la espera de una adopción. Estas se realizaban en el orden de los pedidos y dando prioridad a los chicos que se consideraban viables, para lo cual no debían presentar retraso mental, ni anomalías orgánicas o psíquicas significativas. Los chicos del grupo control eran "adoptables potenciales" pero no les llegó el turno.

El estudio se dio por finalizado aproximadamente a los 36 meses de iniciado, en promedio, ya que algunos chicos fueron dados en adopción antes de éste plazo, porque sus condiciones habían mejorado sensiblemente y se habían vuelto "adoptables".

Se hicieron dos seguimientos, uno a los 30 meses de finalizado el estudio, y otro a los 20 años del primer seguimiento, o sea a los 25-26 años de comenzado el estudio.

Resultados de la evaluación al finalizar la experiencia (a los 30 meses promedio)

El CI medido en el grupo experimental (recordemos, se trataba de chicos con retardo mental) había aumentado en promedio un 27%, mientras que en el grupo control (recordemos que se trataba de chicos con un rango de inteligencia cercano al normal) había descendido un 26%. ¡Resultados iguales, pero de signo contrario! Doblemente contrario, ya que de comienzo el grupo experimental estaba en el rango del retardo y terminó en el rango de inteligencia normal inferior, mientras que los chicos del grupo control comienzan en el rango normal inferior y terminan en el rango del retardo. Es un resultado muy extraordinario, pero no quiero excederme en adjetivos, sino darles todos los datos posibles del estudio.

En el primer seguimiento (aproximadamente a los 3 años promedio)

Los datos, siempre midiendo el CI, dan como resultado que el grupo experimental avanzó a un promedio de 31.6% de aumento de su Cociente, mientras el grupo control se estabilizó en una disminución promedio un poco menor que al finalizar el estudio, con 20% de disminución en el cociente promedio. Estos extremos están determinados por variaciones individuales en algunos casos que modifican el promedio, pero así es en los estudios grupales comparativos.

En el segundo seguimiento (o sea 20 años después del primer seguimiento)

Acá se encuentran ya sujetos adultos, de 25 a 35 años. La evolución se midió en los siguientes parámetros:

	Grupo Experimental	Grupo Control
Escolaridad (medido en promedio del último grado cursado)	11.6	3.95
Situación Socioeconómica	60% en la ½ superior	90% en el ¼ inferior
Ingreso, en dólares, promedio	4.800	1.200
Matrimonio	83%	16%
Costo al Estado, promedio por c/u	1.285,12 $	11.457,64 $
Descendencia	23 (en 9 matrimonios)	5 (en 2 matrimonios)
Escolaridad en Descendencia	23 normal	4 normal 1 retardo

Implicancias y comentarios

Desde cualquier punto de vista, la relación uno a uno que recibieron los chicos del grupo experimental, aun viniendo de una persona adulta con marcado retardo mental (la edad mental de las internas adultas oscilaba entre 6-12 años), sumado a las atenciones colectivas de otros miembros de la comunidad de mujeres retardadas y algunos empleados involucrados parcialmente, es tan contundentemente favorable que no se requieren adjetivos.

Hay que decir que los chicos del grupo control, aparentemente "afortunados" por no estar en condiciones de retraso mental en el comienzo de la investigación, por falta de estímulo individualizado terminan en peores condiciones.

Si bien este estudio es de "especialistas", lo entiende cualquier persona con sentido común, por los resultados más que claros.

Cuidar y criar no es tarea de "genios". Es, como dice Winnicott, "suficientemente bueno" y no parece tener que ver tanto con la inteligencia de los cuidadores o padres, cualquiera sea el caso, sino más bien por el vínculo, la relación, el apego. Es decir todos esos elementos que fuimos describiendo a lo largo de esta publicación. También podemos decir que hay diferentes "cebollas" institucionales, y que la residencia de retardadas mentales parecía ser una cebolla mejor que el orfanatorio, más parecido a una fábrica de chorizos, donde todos recibían el mismo trato (pero insuficiente para el desarrollo).

¿Qué nos enseña este relato? Que lo esencial en la crianza es la relación que establece un adulto, de cualquier nivel intelectual, con el chico que está a su cargo. Que la calidad de esta relación es la que determina el grado de desarrollo que logra el chico. Que lo esencial en la relación es que la motivación sea genuina, es decir que pase por algún aspecto esencial del adulto. En este sentido las encargadas de los chicos que eran débiles mentales obtuvieron mejores resultados que los/las cuidadores contratados (supuestamente normales y seleccionados especialmente) en los orfanatos. Que la relación de parentesco no es indispensable ni un motivo excluyente para la selección del cuidador, siendo lo esencial el tipo de relación que se forma, basada en motivaciones genuinas y auténticas. Es decir, que la crianza no depende de títulos.

También demuestra el estudio que la maduración y el desarrollo de un chico no es solamente un mecanismo automático y que sigue una trayectoria independientemente de sus circunstancias. Por ejemplo demuestra que los logros escolares dependen mucho del tipo de relación humana que tiene el chico, en donde entran: lo afectivo, la comunicación, el apoyo o sostén, con una persona que tiene permanencia estable y también un interés personal y especial en que todo eso ocurra.

También demuestra que ser cuidado enseña a cuidarse. Ser querido enseña a quererse. Ser atendido enseña a atenderse. Que de cierto tipo de dependencia surge la independencia con autonomía.

Faltaría medir el impacto en la cuidadora ya que el parentaje es un desarrollo personal muy importante. Produce cambios sustanciales en quien lo ejerce, permite logros que no se consiguen a solas. Tan es así que si bien aumentan las parejas que no desean descendencia, simultáneamente aumentan los reclamos de aquellos que por caminos naturales no lo logran. Esto que lleva a muchas madres solteras también incrementa las demandas de adopción y de todos los tipos.

El "vínculo", ¿qué significa?

Usted mamá, usted papá, se encuentra cuando lee de estos temas, (¡porque le interesan mucho y en el cole no le enseñaron nada! ¡**Nada!**), con esa palabra, "vínculo".

Si recuerda lo que acaba de leer en el apartado anterior, la experiencia de Skeels, va a entender muy fácilmente que es el "vínculo" en la práctica.

¿De qué hablamos los Psi cuando nos referimos al vínculo? No le propongo una larga discusión ni un paseo por las discusiones de mis colegas sobre esta palabra, cargada de muchos significados. Creo que le basta saber que tiene que ver:

1) Con la idea de una ligazón, de una unión, una atadura. En inglés se usa mucho desde hace algunos años la palabra "bond"[37] [38], que viene de atar, como atarse los cordones, atar hilos, cabos. Este proceso de atarse el cuidador al ser que cuida se vuelve recíproco y el ser cuidado se ata al cuidador. Esto es una verdad de perogrullo que vale la pena recordar. Cuando vean que ante un extraño el chico se arrima a la abuela y no a la madre, es posible sospechar que quien estableció el vínculo es la abuela y no la mamá. Por otro lado eso no implica que la mamá no pueda establecerlo también, más tarde, o en simultáneo, pero suele predominar un vínculo primario (de primero). Esto es motivo de muchas historias de celos y enojos.

2) Cada vínculo tiene sus particularidades, en parte porque está determinado por las características de los integrantes del binomio (las dos personas que lo conforman). No es lo mismo un vínculo con la madre que con una hermana o que con el padre.

3) El vínculo es una forma particular de relación. Todos mantenemos relaciones familiares con los integrantes de nuestro grupo de convivencia, pero el vínculo es específico para cada miembro con el que nos vinculamos.

4) Un vínculo es una entidad nueva y propia, diferente a la suma de sus integrantes. Esto significa que por ejemplo el vínculo puede enfermar, aún sin que inicialmente sus integrantes sean los que "contagiaron" al vínculo de algo personal. Esa entidad, el vínculo, que se formó en circunstancias determinadas

---

37 John Bowlby, psicoanalista inglés, acuñó el término para referirse a este concepto de una unión especial entre el que cuida y el que es cuidado. Construyó a través de la práctica clínica, una teoría del Apego (attachment) y de la Ligazón o Atadura (bonding). Es un nombre que vale la pena recordar su contribución ha sido muy rica y fue un verdadero amigo de los bebes y sus padres.

38 "Bond". ¿No le suena de los productos adhesivos que hay en el mercado?

de cada uno de sus integrantes, puede no ser suficiente o satisfactorio o funcional para los mismos integrantes al cabo de un
tiempo. Piense nomás cuantos novios y novias tuvieron antes
de casarse o formar una pareja con una convivencia prolongada. O piensen en los amigos o amigas, que crecieron junto a
usted pero que les tocó una vida diferente, con más o menos
sufrimientos que a usted, con destinos muy disímiles. Luego de
algunos años esa persona que parecía la única que nos entendía,
ya no nos entiende más, nos critica o nos "reta", no se muestra
conforme, o sentimos que no nos quieren igual, que ya no se
acuerdan.

5) Un aspecto importante de los vínculos es que en ellos sentimos todas estas cosas que acabamos de mencionar: que nos
quieren, que nos entienden, que piensan en nosotros, que se
acuerdan, que nos ayudan a resolver nuestras cosas y por lo
tanto que necesitamos a ese otro y que esa otra persona nos
necesita a nosotros. A veces no necesitamos al otro, pero nos
da placer estar con ese o esa otra. La ligazón, o atadura, no nos
pesa, nos alegra o nos enorgullece. Una vez enfermo el vínculo
puede ocasionar daños a los participantes. Esto importa saberlo porque hoy en día se ha impuesto una modalidad de tratamiento -de la cual la Argentina ha sido uno de los líderes- que
se denomina justamente "terapia vincular". Se trata la entidad
conformada por los integrantes de ese binomio, esas dos (bi)
personas que forman una relación específica. Y en el campo
de los bebes es especialmente necesaria porque la mamá y el
bebé (deberíamos decir cuidador-bebé) son una entidad difícil
de separar. Es donde el vínculo es más determinante, porque el
bebé solo es difícil de tratar, en cambio en una pareja adulta se
pueden tratar los dos por separado y hablar de su vínculo en sus
tratamientos individuales. Entonces no se sorprenda si le piden
señora mamá -o usted papá- que vengan a unas charlas sobre lo
que le pasa al bebé. Pero las mamás no se sorprenden de esto,
lo entienden solas. Acá dedicamos unas líneas para aclarar el
sentido de algunas palabras muy difundidas en los medios y

con los que se va a encontrar seguido si le interesa saber sobre el funcionamiento psicológico.

6) También se ha hablado mucho en los últimos años del trinomio, por ejemplo papá, mamá y bebé. Sería una situación vincular donde se dan anudamientos entre tres individuos dentro de una misma relación. Fíjese que el trinomio no es lo mismo que los dos binomios juntos. Ni papá se porta igual con el bebé cuando están solos que cuando está mamá, ni se porta igual con mamá cuando están los tres juntos. Lo mismo puede decirse de mamá y del bebé. Entonces los tres juntos no hacen lo mismo que dos de ellos a solas (mamá con bebé; mamá con papá; papá con bebé).

7) No se confunda si en algunos textos encuentra que se le atribuyen al Apego muchas de las cosas que en otros lados se describen como vínculo. Son "camisetas" de clubes diferentes que juegan con pelotas iguales.

8) Para muchos, el vínculo o apego lo es todo. Es decir, todo se puede explicar desde la teoría del apego o del vínculo. Se enfrentan, quienes piensan así, con los que piensan que mucho o todo viene de la química, de la biología, del sistema nervioso, en definitiva del cuerpo. Cuerpo o alma, naturaleza o crianza, dos posiciones enfrentadas, tal vez desde siempre. Pero no creo que sirva el enfrentamiento así. Yo aprendí mucho de las dos partes. Hay que tener o desarrollar un criterio para poder integrar diferentes soluciones.

9) Va a encontrar también quien le habla de que todo es "un sistema". ¿Se acuerda los vasos comunicantes del colegio? También es cierto y sirve, pero hay cosas que no puede explicar, como la iniciativa, que por definición no puede ser "respuesta a ...". Algunos pensadores como Lorenz o Popper[39] hablan del "brusco cambio, inesperado" o de la fulguración (como un rayo) que cambia todas las reglas de un sistema.

---

39 "El futuro está abierto" Popper, K.; Lorenz, K.; Editorial Tusquets Barcelona, 1992.

10) El vínculo no muere con la persona que nos ligaba. Sigue y aún tenemos vínculo con personas que no conocimos en vida (Gardel, Cristo, Mahoma, nuestro escritor, pintor o músico preferido).

III. Cuando algo anda mal

¡Llora demasiado!

Durante las tres a seis primeras semanas muchos bebés lloran. No se acostumbran a estar en este mundo, no todo les viene de "arriba" como dentro de la panza. No le crean al que le dice que eso es bueno para los pulmones.

Tampoco crea que está bien que llore, déjalo nomás, no le pasa nada.
Usted recibe una SEÑAL y a esa señal le corresponde una RESPUESTA. Es decir, usted va y mira a ver qué le pasa al gurrumín. Después veremos si lo dejamos a no lo dejamos llorar.

Siempre ese miedo a malcriar que hace que criemos mal.

Pero tampoco es lo que le dirá algún pediatra o la comedida de turno: cólicos.

No. No son cólicos. La idea que el llanto excesivo de los bebés se debe a cólicos gástricos o intestinales ha sido examinada y no se dan razones suficientes para sostener esa explicación. No en el 2000, al menos por ahora[40].

---

40 Para los profesionales interesados, les recomiendo la excelente recopila-

¿Le cuento la regla del tres? No. No la del cole. La de los bebés que lloran. Es así: si llora más de tres horas, más de tres veces por semana, durante más de tres semanas y, más especialmente después del tercer mes, es para preocuparse, es un padecimiento, es algo que hay que consultar.

Además dicen los bochos que están un poco inmaduros cuando nacen. Y eso significa que todavía no regulan bien. Porque el bebé humano tiene que aprender muchas cosas desde que nace en adelante. Regular, es en este caso poder sustraerse a una excitación desmedida, poder calmarse por si mismo si algo lo altera, poder retirarse un poco de la escena si hay muchas intrusiones o molestias, no reaccionar a todo, ni tanto. Es como las perillas del volumen y de los graves y agudos en el equipo de música. Más adelante le cuento del Test de Brazelton y ahí le explico cómo los bebés saben "desconectar" cuando algo los supera. Pero, ahí viene el pero, cuando no pueden desconectarse se sobreexcitan, y ahí viene el lío.

Estas regulaciones del sistema nervioso (porque también tiene que regular sus sistemas respiratorio, cardiovascular, digestivo) se van organizando mejor hacia el tercer mes de vida. Para ese momento los llantos se tienen que reducir, o estamos en problemas.

Si sigue llorando y con la regla del tres que le expliqué ¡pobre! Reconocidamente está metida en un lío.

El llanto del bebé tiene una agudeza y una persistencia que produce en usted una reacción esperada y necesaria. Pero lo

ción de M. Papousek, Capítulo 11 del tomo 4, págs. 416-453 del "Handbook of Infant Health" de la WAIHM, Wyley, New York, 20 referencias bibliográficas de la última década, incluyendo varias "revisiones" del tema.

LOS ÁRBOLES NO CRECEN TIRANDO DE LAS HOJAS

malo es que las reacciones que usted produce no llevan al fin deseado: hacer calmar al bebe.

Vamos por partes: usted reacciona, porque el llanto es un llamado. En la teoría del apego es una de las principales señales de parte del bebé. Lo que usted hace es lo normal: levanta al bebé, lo lleva de acá para allá, le canta, lo pone contra su cuerpo, camina, hace un movimiento de hamaca con los brazos, todo eso. Y nada. ¡Nada! Porque lo que una o uno (papa usted también se las vio negras) espera es que cualquiera de esas conductas: alzar, hamacar, caminar, poner contra el cuerpo - cualquiera, hubiera bastado para calmar a un bebé. Pero no a éste.

Eso se llama **inconsolabilidad** y es una de las características del cuadro del llanto excesivo, o **llanto inconsolable**, que es así como se llama.

Si le tocó, piense que entre el 15 y el 30% de los bebes del mundo occidental presentan este cuadro. No así los chicos de culturas que a veces se llaman "primitivas" (será porque no conocen el celular o no les importa dónde queda Miami). En las culturas que tienen como costumbre llevar a su bebe cerca del cuerpo de la madre (dentro de una faja, a veces) y que lo llevan ahí a su trabajo en el campo o en el mercado, también se suele dar que los bebes duermen con los padres. Bueno, los estudios hechos en África y partes de Australia o Centroamérica, o en el Mato Grosso, comprueban que estos bebes lloran hasta las seis semanas, si bien poco, pero que no se les conoce el cuadro de llanto inconsolable. ¡Algo tendrán los "primitivos" que a nosotros se nos escapa!

Nuestros bebés tienen tres momentos del llanto. Desde que nacen hasta los tres meses es un llanto involuntario, no se dan cuenta, no tienen objetivo, lloran y nosotros corremos. Después del tercer mes aprenden a hacer uso del llanto como un instrumento para obtener algo, llanto voluntario. Al cabo del 9º mes los bebes aprendieron a manejar el llanto como un mensaje, es el llanto comunicativo. Eso no quiere decir que el llanto es un precursor de la comunicación o un antecedente importante del lenguaje. Son dos cosas diferentes: llorar para comunicar un estado o hablar, porque producen diferentes reacciones en nosotros. Con el llanto nos alarmamos y corremos, tenemos conductas de consuelo. En el blableo o comienzo del lenguaje infantil, respondemos con el mismo blabeo y algunas palabras que introducimos en el vocabulario del enano (¡cosita chiquita que habla!).

Cuando lloran, es como la sirena de los bomberos, estridente, alarmante, angustiante. Pero no crea que la gente con costumbre ya no reacciona. No, no es así. Aún las enfermeras que están todo el día responden con ansiedad y tensión a las características del llanto.

Usted, o quien atienda el bebé, estoy hablando indistintamente a padres (mamá o papá) o abuelos, no solo sentirá la alarma del grito. Otras características de estos bebés es que no se amoldan al cuerpo cuando uno los sostiene. ¿Se acuerda del amoldamiento? Es el bebé cediendo en sus tensiones para adaptar la forma del cuerpo al suyo que lo sostiene. No conforme con ponerse duro como un palo, a veces se arquean para atrás, como si fueran a hacer un salto mortal invertido. Ahí ya es difícil sostenerlo, palo y arqueado para atrás.

Normalmente cualquiera de los tres movimientos hará que el bebé se tranquilice: lo alza, se amolda y se duerme o queda tranquilo. Eso normalmente. Acá ni con las tres cosas: alzarlo, mecerlo, caminar con él en brazos, todo eso sumado no lo calma.

Se sabe que las mamás hacen todo esto, lo caminan de un lado para el otro, lo mecen, le cantan, movimientos de arriba para abajo, y lo hacen más que una mamá de un grupo control donde los hijos no son de llorar. Pero claro, aplican toda la batería, porque los resultados no se presentan. Se turnan con la abuela -déjame a mí, vas a ver como se calma-. Tampoco. El papá se mete menos, en esos casos especialmente.

Como si fuera poco, los bebes que lloran inconsolablemente, empiezan con otros problemas más: dificultades para comer y, muy especialmente, en el dormir. De promedio se vio en un estudio muy importante, que tardan una hora más en quedar dormidos, duermen una y media horas menos que los que no son llorones y se despiertan el doble de veces, y por si fuera poco, están despiertos el doble del tiempo. Todo si los comparamos con el grupo control donde los bebes lloran pero normalmente, es decir un promedio de 1 hora por día, en vez de más de tres, como es la regla para el diagnóstico del inconsolable.

En el grupo que se estudió, los llorones se dividían en dos clases, los llorones extremos, con más de cinco horas diarias de llanto, y los llorones moderados con hasta tres horas. Pero los moderados también presentaban los trastornos del dormir. Esto es importante para cuando hablemos de las soluciones posibles.

Vamos a las razones que encontraron los que estudiaron esto. Empecemos por lo menos angustiante para la mamá, ¿qué le pasa al bebé? (digo menos angustiante porque siempre está el temor de la mamá "lo hice yo así" y de eso también tenemos que hablar).

Se constató que el 51% de los bebés llorones del estudio (sobre un total de 180, de los cuales 63 eran francamente inconsolables) presentaban signos de leve inmadurez neurológica hasta el tercer mes. Sin embargo la mitad de éstos chicos continuó con signos de inmadurez después de los tres meses, que es cuando la mayoría de los chicos se normalizan. Esto hizo que se diera una explicación del llanto inconsolable atribuyéndolo a una inmadurez transitoria. Es transitoria porque se tiende a normalizar al tercer mes en general y en estos chicos paulatinamente después de los tres meses.

Otra explicación es la teoría del temperamento. ¿Qué dice esta teoría? Que nacemos con algunas características llamadas constitucionales, (como la Constitución Nacional que rige todo), algo que nos viene de fábrica y que se expresa en tres campos: 1) la reactividad del individuo (híper o hipo reactivo, que reacciona mucho o poco), híper o hipo írritable, hipo o hiperexitable, híper o hipo sensitivo, hipero o hipo perceptivo, etc. 2) la capacidad de apaciguamiento que es una característica individual, o tener la posibilidad de calmarse a si mismo. Muy importante porque permite dormirse o permite retirarse de los estímulos excesivos. Tiene que ver con la capacidad de sustraerse a estímulos perturbadores y restablecer dentro de sí una cierta armonía. 3) algo que se llama predictibilidad o ritmicidad del bebé pero que se concentra en la función del ritmo sueño/vigilia, o sea la regulación del tiempo de dormir y del tiempo de estar despiertos. Esta función hace que los chicos aprendan y mantengan un ritmo de sueño preferentemente nocturno y vigilia diurna, una cierta hora para dormirse y una cierta hora para despertarse, un cierto número de despertares nocturnos.

Como verá, el bebé aporta bastantes elementos que le son propios, como su madurez/inmadurez, o su temperamento o su ritmo sueño vigilia. Respecto del temperamento nos interesan dos tipos del mismo descriptos sencillamente como difíciles o fáciles. Como su misma categoría lo indica, nos harán la vida ídem, fácil o difícil. Se entiende que un bebé difícil será todo lo híper- que vimos más arriba, y por lo tanto le costará no reaccionar a lo que sucede. Sumado a la teoría de la inmadurez transitoria se arma un buen conjunto de razones por las cuales el bebé aporta lo suyo a la llorada. Y también como vimos antes, al ritmo del dormir y sus complicaciones.

Pasando ahora a los adultos, se sabe por estos estudios, que los papás de bebés de temperamento difícil y los papás de bebés prematuros, duplican sus respuestas negativas a la conducta del bebé.

Claro, tendríamos que hablar de eso, la reacción al comportamiento del bebé. Es de imaginar que la paciencia se agota, a tres o cinco horas de llanto por día. Pero como veíamos más arriba, las mamás continúan haciendo su parte, lo levantan, lo pasean, lo hamacan, le cantan, lo ponen contra su cuerpo o tienden a llevarlo más bien vertical, medio como paraditos. Eso es en parte porque no se amoldan al cuerpo y sí quieren estar en upa pero mirando a su alrededor y desde la perspectiva del Faro y no entregados mansamente a los brazos de mamá.

Hay una sola cosa que se detectó que las mamás de los llorones no hacen (o dejaron de hacer): **no se comunican con el bebé, no juegan con él.** Y esto no es un dato menor. Se sabe que la comunicación de la mamá con el bebé es un fuerte amortiguador de los problemas del desarrollo del bebé. La comunicación de la madre con el bebé es un canal privilegiado para infundir calma, detectar el estado del bebé, inducir un reposo o consuelo. Y el juego es una actividad placentera de la madre y seguro que para el bebé también. Pero es difícil imaginar mucho juego cuando los nervios de los protagonistas están en el filo de la navaja. Y lo mismo vale para la comunicación. En ese estado de tensión se hace todo menos lo que tal vez traería el alivio, la comunicación y el juego.

Pero ¿no es comprensible?

¡En el medio de un incendio, quien quiere jugar o "charlar"!

Para entender esto hay que comprender como funciona la relación madre-bebé. No hay madre que pueda funcionar sola sin el bebé que le dé manija. Dicho más científicamente, que la estimule para tal o cual comportamiento. El bebé llorando, ¿qué estimula? Ansiedad, angustia, tensión. ¿Se acuerda cuando hablamos de vínculo y que le decía que algunos lo llamaban sistema? En un sistema todo está unido y lo de la mamá influye en el chico y lo del chico en la mamá. Pero para decirle la verdad, es un poco como el juego del huevo y la gallina. Porque pasamos ahora a nombrar otros factores que influyen:

Factores maternos, ambientales, y para otros, factores de estrés fetal

Son aquéllos factores que influyen desde afuera sobre el desarrollo fetal. ¿Y adivine cuáles son? El papá, la abuela, el trabajo, las circunstanciales sociales y económicas.

Pero todo eso lo conocíamos como la teoría de la cebolla, que suena ordinario, pero bastante gráfico.

Bueno, según los investigadores se le agregan algunas cosas, por ejemplo el embarazo no deseado, el embarazo complicado, internaciones de la mamá, diagnósticos gravemente equivocados (¡quien no se pone nervioso!), prolongado reposo (sola, en la cama, ¡cómo andan los ratones!), antecedentes de partos prematuros o complicados, ni que hablar de los antecedentes más graves de bebés muertos o deformes.

Y sí, mucho estrés para la mamá. Y seguro que de rebote para el bebé. ¡O no notó en el embarazo que cuando pasó un mal día, a la noche se le desquita con patadas y retorcimientos dentro de la panza; ¡como si tuviera poco todavía arranca la calesita!

En los estudios se vio que un tercio de las mamás con bebes

llorones habían tenido peleas con el marido, con la familia de origen de alguno de los dos, o vivían muy aisladas. Seguro influye en el bebé.

¡Pero ¡ojo! las peleas matrimoniales se duplican cuando hay un bebé llorón. Otra vez el huevo o la gallina, que es primero, la pelea o el llanto, o se dan cuerda uno al otro. Más bien esto último, ¿no?

Para terminar, un par de cosas prácticas.

Mamá, no sobre-estimule a un chico que ya tiene bastante cuerda de fábrica, búsquele más bien un ambiente sereno y tranquilo y protéjalo usted ya que él no puede de los estímulos. Eso vale para el dormir especialmente. Trate por todos los medios de conseguir una rutina con el dormir. Esos bebés que son como "maleta de loco", esos que andan en el moisés de acá para allá los fines de semana, no son los que mejor van a dormir. Piense en los lunes de esos fines de semana donde estuvieron en siete lugares diferentes, durmieron en dos casas distintas. Hay un poco de mala onda el lunes; en el mejor de los casos el bebé duerme todo el lunes.

Trate de mantener la comunicación con el bebé, ese charlotear mientras le mira a los ojos, y el hacerle muecas y responder a las caras y muecas de él. Si puede. Si puede, también juegue, esos jueguitos de subirlo y bajarlo, despacito, o de acercarse y alejarse, ponerle caras. Usted ya sabe de qué le hablo.

Y como siempre, sepa pedir ayuda cuando no da más. No es ninguna vergüenza decir, ¡no sé más que hacer! Habrá alguien que le podrá dar una mano. El pediatra, la psicóloga, el centro comunitario. Busque y encontrará alguien dispuesto. Y acuérdese de la cebolla, usted no debe estar sola para la crianza, no se puede. Si le tocó una crianza a solas busque capas de cebolla afuera de su mundo inmediato, acérquese a algún grupo o institución. ¡No se quede sola!

Problemas del dormir

Vamos a tratar solo algunas ideas generales sobre el dormir y sus alteraciones. Es un capítulo amplio y merece tratamiento especializado en algunos casos. Pero sí acuérdese de todo lo que hablamos en el capítulo ¡Llora Mucho! Los trastornos severos del dormir son uno de los motivos de consulta al especialista en Salud Mental. Cuando el pediatra y la familia ya no pueden con el tema, y han eliminado todas las causas físicas y ambientales en las que pudieron pensar, viene la consulta al especialista del "adentro".

Tampoco es lo mismo un bebé que no duerme en los primeros meses de vida o luego del 9° mes, momento a partir del cual se puede decir que es dueño de la decisión de no dormirse y permanecer despierto. Otra distinción es entre el bebé que tiene dificultades para dormirse y el que se despierta en medio de la noche, gritando y llorando.

Con el pediatra, o tal vez con su mamá o una amiga, pudo resolver temas prácticos que conspiran contra el dormir de su bebé: mucha excitación antes de ponerlo a dormir, transiciones bruscas entre las "fiestas" y la calma del irse a dormir, v no haberlo provisto de su alimento y de la necesaria higiene para su confort, la regulación de los horarios de las comidas nocturnas, frío o calor, denticiones, fiebrecitas que comienzan, en fin las diferentes razones que le quitan el sueño a grandes y chicos.
También excluimos las causales ambientales extremas como ser la violencia doméstica, el alcoholismo parental, la drogadicción familiar en el ámbito doméstico, los maltratos con amenazas, gritos y golpes. Se sobreentiende que en estas circunstancias no duerme nadie, salvo el intoxicado grave.

Le propongo hablar de dos temas vinculados al dormir: el bebé de 9 o más meses que no se quiere dormir y el despertar nocturno con gritos y llanto.

Ya dijimos que a los nueve meses el bebé adquiere la capacidad de decidir que no se duerme. Puede quedarse despierto con una intención. Si, adivina bien, la intención tiene que ver con usted. Pero no para "jorobar la paciencia", como suele expresarse con alguna irritación luego de uno de esos bailes. O en todo caso, esa no es su intención profunda. Lo que quiere es retenerla.

-"...Pero si lo bañé y le di de comer y después jugamos un ratito, ¿qué más puede querer ahora?.."-

Si, ya sé. Es un poco desesperante. Parece que uno hace todo y los problemas siguen igual. Pero examinemos el tema de la intencionalidad del chico de retenerla con su comportamiento de no dormirse: ¿por qué habría de hacer eso?

La respuesta es más o menos sencilla, para mí, claro, no para usted: necesita más tiempo con usted.

Acá hay dos posibilidades grandes de entender la falta que tiene el bebé de "más mamá". O usted está poco, porque trabaja o lo que sea, y cuando viene hace de todo para compensar al bebé por su ausencia. Se basa para ello en una frase que en algún momento inventamos nosotros los "psi": "no importan tanto el cuanto como el cómo; damos tiempo cualitativamente mejor y con eso mejoramos la ausencia temporal".

Esto es una verdad, pero una media verdad. No podemos indefinidamente estirar la ausencia con la tranquilidad que después se lo damos "todo junto". No solo porque el bebé no lo puede absorber; también porque significa que en buena medida nosotros tendremos que "actuar" un poco. En parte, por la exigencia de dar mucho en poco tiempo, en parte porque cuando estuvimos mucho tiempo afuera no llegamos con tantas ganas de transformarnos en súper-abastecedores. La exigencia de dar no es lo mismo que las ganas de dar. Y nosotros también venimos desgastados y buscando descanso más que nuevas proezas. Entonces esto tiene límites. Cuando usted llega debe tener tiempo de lograr estabilizarse, por lo menos ir al baño, tomar algo, acomodarse la ropa, tener una idea general de lo que está pasando en toda la casa, no solo con el bebé. Ahí puede empezar a darle el baño, la comida, el rato de juego.

Entienda bien, no es que usted no pueda llegar y hacer de entrada todo el servicio del bebé, baño, comida, juego y dejar para después su propia necesidad. Puede hacerlo, pero no le puede salir igual. Va a tener algo de "hacer como sí", es decir, algo de actuación. O algo de "laburo", como si terminara una serie de trámites del trabajo, poniéndose ese objetivo, a pesar de su cansancio o malhumor. Pero el bebé no es una carpeta o un cliente, tiene un radar muy sensible para el ánimo de cada uno de nosotros, y cuanto más depende de nosotros, más sensible es ese radar. Y es lógico que así sea, porque eso es lo que le permite satisfacer su necesidad de contacto, porque de eso se trata. Bañar, dar de comer, jugar, tienen que estar relacionados con el contacto que eso establece. O acaso, ¿usted se siente bien si su marido lee el diario durante la comida con usted? Es un poco como en aquel cuento que en el medio de la práctica del deporte matrimonial la mujer le dice al marido "querido, hay que pintar el techo". Son situaciones donde hay que "estar", donde no basta con poner la cara. A esto se refieren muchas personas cuando dicen que "ponen el piloto automático" porque, o no dan más, o están deprimidos, o se cansaron de alguna situación. Los bebés no lo llaman nada porque todavía no hablan, pero no se produce el contacto necesario y no se cubre la cuota que el bebé necesita para sentirse acompañado, que tiene un afecto externo asegurado, que sigue ahí, que está vivo y funcionando.

¡Cuanta exigencia, que quiere, con el día que tuve, con el trabajo que tengo!

Sí, yo puedo entenderla y no la estoy culpando de nada. Le explico una relación que hay entre un hecho y otro. No sé si usted es **responsable**. Más bien me inclino a pensar que en general la responsabilidad es más exterior que interior: sueldos insuficientes, maridos ausentes, crisis económica, o simple miseria. Lo sé y lo tengo muy en cuenta y hablamos de eso en el capítulo sobre cómo trata la Sociedad y la Cultura a las madres. Porque no solo es socioeconómico el tema. Las presiones también son culturales: tener éxito, lograr ciertas cosas, tener algunos objetos valorados.

Pero ya ahí empieza un poco el lado interior del problema: **tenemos que preguntarnos**, -y este libro se propone traerle problemas en ese sentido-, **que queremos para nuestros hijos y para nosotros mismos**. Si su situación no es claramente socioeconómica, siga leyendo. Si usted está luchando con la miseria, olvídese, pase por alto lo que sigue.

Las ambiciones personales son una fuerza psicológica importante. Querer triunfar es un derecho y a veces una necesidad. Los varones tienen ventajas en la cultura occidental (y tal vez en otras también), ganan más por el mismo trabajo, son menos discriminados porque no se embarazan (habrá que ver ahora con los experimentos ingleses!), no piden asueto por "indisposición", toda la carga que ya conocemos. Para un ascenso las mujeres tienen que hacer el doble de méritos. Por otro lado, las universidades están copadas por mujeres, en algunas carreras hasta el 70% de los estudiantes son del sexo femenino, es decir, la mujer se está capacitando mucho y está más exigida. Las carreras son más largas, porque si no se especializan luego de obtener el título tienen menos posibilidades, y eso significa varios años más de estudio sin producir dinero. Si alguien se queda en casa para cuidar un recién nacido, acá ni se discute, se queda la mamá, porque además no se ha logrado todavía divulgar culturalmente que el padre estaría capacitado para el cuidado del bebé si se lo propone y lo desea. Además falta que la Sociedad lo reconozca así, dando el derecho a elegir quien se queda "con licencia", no ya de maternidad, sino para el cuidado del nuevo ser. Eso, después del primer chico, y seguro después del segundo, produce una tensión en la mamá que busca algo más que la vida de hogar que se suma a las otras causas.

Aceptados todos estos puntos, nos tenemos que enfrentar con una realidad: el que se decide a cuidar al chico tiene que poder hacerlo **desde adentro**, con el corazón instruyendo las manos, con la cabeza entendiendo lo que está pasando, es "con todo": cuerpo, alma, mente. Pero no porque lo diga yo, o los bebólogos, sino simplemente porque es así como se da ese apego, o se forma el vínculo, o se produce la corriente afectiva; todo lo que hablamos antes. Al bebe no se lo puede camelear, hacer creer que lo cuidamos; no acepta versos, por más buenos que sean. Porque se escuchan algunos versos que son re-convincentes. Hay mucha inteligencia puesta en querer arreglar el "saldo deudor" de la crianza con argumentos.

Los bebés no son "piolas", vivos, cancheros. Se pueden volver eso si les enseñamos. Un poco como aquella definición del sistema económico fracasado en el cual los empleadores hacían como que pagaban sueldos (sueldos ridículos, mucha inflación, dólar paralelo, precios oficiales) y los trabajadores hacían como que realizaban su labor. Podemos reproducir eso en la crianza y generar "vivos" que aprenden a rebuscárselas, ya que en vez de afectos recibieron buen verso. Pero el resultado se nota en el comportamiento, en el aprendizaje, en la socialización. "Piden pan, no le dan; piden queso, le dan un hueso" - se acuerda de la canción? Hueso Por quéso, gato por liebre.

Sí, pero qué queremos para nuestros hijos, ¿seguir pasando la pelota? Hay mucha gente que se da cuenta de esto y busca cambiar el modo de vida para no caer en esta trampa. Viven con menos, andan más despacio, se conforman con otros gustos. Y no hace falta irse a vivir "al Sur", se puede hacer en muchos lados. Es cierto que para poder elegir un rumbo así, que se aparta de las tendencias culturales predominantes, exige una mente clara, cerrarse a ciertos estímulos muy fuertes y demasiado difundidos por intermedio del bombardeo de imágenes publicitarias, slogans, clichés, escenarios ideales en el cine, la televisión, los medios gráficos. ¡Que poco se ocupan los medios de facilitar una discusión abierta y franca de los temas de la crianza! Hay poca información sensata sobre la cotidianeidad de un proceso en el cual se forman los individuos de una cultura. Por ejemplo, qué hace que un ser humano se vuelva sensible a los demás en lugar de egocéntrico; ¿cómo se adquiere sentido común, cuál es el camino del desarrollo de la prudencia, la esperanza, la confianza?

"... ¿Qué? - ¿Es cura éste? - De que está hablando, ¿no era que se ocupaba del bebé recién nacido y como hacemos para arreglárnosla?.."

Sí. Ya sé, suena descolgado, pero no lo es querer averiguar que nos lleva (o nos aparta) a ser solidarios y responsables de nuestro medio. Y no me refiero a la banalización de la ecología que se limita al "... tire la latita en el basurero...". En todo caso pienso en una ecología que incluye lo humano: los afectos, los sentimientos, el respeto, el lugar de cada uno en la Comunidad y en la Sociedad. Porque a veces parece que ciertos gobiernos nos usan como latitas y después (del voto) nos tiran al piso, ni siquiera al basurero. Pero también podemos hacer lo mismo con nuestros compañeros de trabajo, nuestros amigos, nuestros hijos, nuestros alumnos. Parece que los medios se quedan con las imágenes más recortadas del final de un largo proceso: el cuerpo sangrante de una chica acuchillada 113 veces, la puerta de la casa donde vive el sujeto que tenía atada a su hija deficiente mental con una cadena, los hierros retorcidos de un accidente múltiple de domingo a la madrugada. Una especie de pornografía de la miseria psicológica de algunos seres que no completaron su condición humana. Y eso, cuyo final estrepitoso nos muestran por todos lados, comienza muy temprano; pero eso no se sabe, no interesa, no hay tiempo de averiguar o discutir. Y depende un poco de todos nosotros reclamarle a los medios, al gobierno, a la comunidad: un tratamiento más profundo, más completo del Desarrollo Humano[41].

Bueno, todo este rollo para contarle que es importante que usted decida por usted y por su hijo/a que calidad de cuidado quiere apuntar a darle. Sacrificando alguna cosa tal vez, haciendo mucho esfuerzo para que coincidan todos los objetivos, pero buscando darle prioridad a quien depende de usted para poder desarrollarse lo mejor posible. Si usted quiere eso tendrá mucho para pensar, para hablar con su pareja, sus amistades, sus padres si logró llevarse bien con ellos y todavía los tiene, con alguna abuela piola, una tía (pero no frustrada), un buen pediatra, una de esas maestras de alma, la puericultora[42].

Dentro de ese cuidado está la calidad del apego, lograda con sudor y lágrimas (dejemos la sangre para el drama), pero tam-

---

41 Durante unas pocas semanas se discutió si un determinado ministerio debía llamarse (y ocuparse) no solo del Desarrollo Social (en lugar de Bienestar Social) sino también del Desarrollo Humano. La provincia de Buenos Aires trató de diferenciarse en ese sentido del Gobierno Nacional. Por otro lado hay una Comisión en el Parlamento que incluye en su título la idea del Desarrollo Humano. Pero, ¿usted, que escuchó de esos cuerpos gubernamentales o parlamentarios? ¿Sintió algún impacto proveniente de los mismos?
42 ¿Conoció alguna? Qué lástima que no valoremos más las carreras intermedias, o el trabajo voluntario instruido.

bién con risas, diversión, descubrimientos y satisfacciones.

La calidad del apego depende de la calidad del cuidado. La calidad del cuidado no se reemplaza con mucho tiempo, pero la calidad **incluye** mucho tiempo. También incluye el **tiempo para usted**, que todos necesitamos. Sí. Si usted no tiene un poquito de tiempo para sus cosas se va a sentir gastada, y tiene razón, se lo firmo. Está probado que el tiempo que compartimos con otros tiene que tener entremezclado el tiempo para nosotros, así como que una nota musical no se puede oír como tal si no tiene un mínimo espacio con la próxima; un acorde no es una nota sino una combinación o suma de dos o más. En síntesis, todo apunta a que la crianza lleva tiempo, mucho tiempo.

Con todo esto en mente volvemos al **dormir de su bebé**. Si tiene mamá suficiente va a dormir. Si la ración no está completa va a demandar más. Y lo va a hacer a partir del momento en que usted lo quiere dejar para que duerma. Y para que usted pueda ir y hacer lo otro que le dije, tomarse tiempo para usted. ¡Y ahí empieza al lío! Bueno, en realidad ahí se expresa un lío que viene arrastrándose de antes, el saldo negativo que tiene el bebé con usted, o usted con él.

"¡...Sí, pero como hago para que duerma hoy! - Si el déficit y todo eso, ya lo entendí, pero ¿cómo lo arreglo en media hora?.."

Mire, si tiene media hora, no lo va a arreglar, pero va a hacer que hoy el bebé se duerma. Y si tiene varias medias horas esta semana, el problema de fondo puede empezar a arreglarse. Porque es media hora que usted le "da el gusto", pero no para "malcriarlo", sino para "biencriarlo", dándole lo que necesita, en cuotas, y así remediar una situación de ausencias pasadas o presentes que fueron construyendo un déficit. Y el déficit se corrige así, cuota tras cuota.

Si en cambio usted hoy no tiene la media hora y decide que el chico es un caprichoso que ya va a aprender a dejarse de jorobar si un par de noches le cerramos la puerta y lo dejamos gritar - que total no le pasa nada, y es bueno para los pulmones- entonces lo va a estar malcriando. No se confunda, puede tener "éxito", y después de unos días el chico deja de aullar. Pero no crea que **resolvió** el problema. Lo mandó a otra parte y va a volver a surgir en otro momento.

El bebé que despierta gritando: Esta es la otra situación que nos proponemos tratar cortito. Antes que nada, todos los bebés se despiertan de noche, hasta los 9 meses más o menos. Lo hacen por hambre, de comida o atención. Acuérdese que el bebé llorón se despierta el doble de veces y además queda despierto el doble de tiempo (vea el capítulo ¡Llora Mucho!). Es normal que al principio, primeras seis semanas, despierten cada tres horas, que es su ritmo de mamada. A partir de la sexta semana hasta el tercer mes, a veces antes de la sexta semana, el bebé pega estirones hasta cuatro horas. De esa manera, si regula bien la mamada última, se duermen juntos, y con una sola despertada en el medio logra ocho horas de dormir.

Hasta los nueve meses se tienen que ir espaciando las despertadas a las cuatro horas por lo menos, pero también a cinco y seis, con picos (gloriosos) de ocho o nueve horas.

Señora, si es así, está hecha, no necesita seguir leyendo esto.

Si seguimos hasta los nueve meses con despertares de cada dos o tres horas, ¡hmm! Está en un problema.

El despertar puede ser "tranqui" o a toda orquesta, con gritos, alaridos y llantos. El "tranqui" hasta puede verlo de casualidad, camino al baño; el bebé está blableando o canturreando

¿y cuál es el problema ahí? ¡Ninguno! Vaya al baño nomás y déjelo haciendo la suya. El problema es la gran orquesta. Si es ocasional, es por alguna intercurrencia: diente, gas, sueño malo, etc. Si es regular, vuelva a leer el capítulo desde el principio y en que le cabe el tema del reclamo de mamá. En buena medida es una variante del tema anterior, que se traslada a la noche. El despertar del bebé lleva a una asistencia parental (madre o padre, padres) que ofrece una recompensa por un día de poco mamá-papá. Es el llanto de alguien que se quedó solo, se sintió poco protegido, se asustó un par de veces y no tuvo en quien apoyarse durante ese momento. No está mal con la mamá, acepta irse a dormir porque tiene registros de una buena relación, amparadora, segura, tranquilizante. Que ese día no funcionara por alguna razón, no le resta al bebe la sensación de tener un apoyo, una seguridad. Pero le puede haber dejado un susto, un temor transitorio, que se transforma en una imagen durante el sueño que representa ese desamparo ocasional.

Si en cambio es una rutina, es decir, es un bebé que muchas noches arma el mismo circo, puede ser otra cosa. Por ejemplo, una variante de la inseguridad que a otros bebes los lleva a elegir no dormirse y armar el lío antes.

O puede ser una degeneración del no dormirse de noche que no tuvo éxito porque hubo "puerta cerrada" y entonces el bochinche se traslada a las horas de la madruga. Mal negocio, ¿no?

¿Le queda alguna duda? Empiece de nuevo el capítulo. ¿Cree que entendió? De vuelta la página.

Trastornos del comer
Cuando el no comer es algo serio

Le cuento, en Escandinavia se hicieron dos estudios para averiguar: 1) cuantos padres se quejaban de la alimentación de sus bebés, es decir, de cómo les iba en esa ceremonia. 2) cuantos bebés debían ser efectivamente hospitalizados por algún problema serio de desnutrición.

Los dos estudios fueron hechos "con todas las de la ley", una amplia muestra de varias comunidades de diferentes condados (distritos) durante bastante tiempo. Se juntaron muchas familias que fueron seguidas por medio de asistentes sociales y otros especialistas que colaboraron. Buenos estudios.

Las conclusiones son que se quejan 12 veces más padres que lo que los médicos encuentran motivo de preocupación. En números es así: más del 25% de todos los padres de la muestra se quejaban de que algo andaba mal en la comida de sus chicos. Pero los médicos solo encontraron motivos de preocupación en el 2% de todos los chicos de la muestra.

Con unos amigos mexicanos se hizo un libro sobre Trastornos de la Alimentación[43]. En un capítulo digo ahí que la diferencia se explica por los distintos criterios aplicados por padres y por pediatras en la evaluación de un trastorno. Es decir, por lo general el pediatra espera a que existan parámetros clínicos alterados, por ejemplo un importante desvío del percentil de crecimiento, una deshidratación, crisis de vómitos incoercibles, o los casos que evidencian una patología por malformaciones y trastornos funcionales severos en la deglución, hernias hiatales grandes, estenosis pilóricas y otras situaciones graves.

Los padres que se quejan es porque les pasa algo durante la alimentación con sus hijos. Y ¡aunque sea porque son "neuróticos"! ¿O acaso eso no es un problema en sí? Lo que creo es que todavía no hemos desarrollado un instrumento para detectar

---

43 "La alimentación en la Primera Infancia", Lartigue, Maldonado, Rosas (coordinadores), Asociación Psicoanalítica de México, Plaza y Valdez. México, 1998.

cual es la falla en la comida que le da problemas a los padres (hablo en general de papá y mamá, aunque por ahora la más enfrentada con el problema sigue siendo la madre, que es la que da de comer).

El 25% de este estudio, estoy seguro que coincide con otro tanto en nuestra cultura, porque no creo que los escandinavos sean más neuróticos que nosotros o tengan chicos más difíciles. Pero no lo sabemos porque acá se investiga poco y nada, así que nos queda la duda si no somos un 15% (¡o peor, un 50%!). Pero también tenemos problemas con la alimentación de nuestros hijos, seguro, porque lo vi en nuestra muestra.

Entonces el pediatra debería estar más atento a los problemas de los que se quejan los padres, porque no es imposible que del 25% se alimente el 2% que va a parar al hospital. No digo que todo, porque hay problemas orgánicos y congénitos, pero algo del 2% pasó por el 25% primero, ¿me entiende? Primero hubo queja y después hubo problemas en serio, eso quiero decir.

Pero quédese tranquila, pocas veces la sangre llega al río. Un poco le hablo a los pediatras para pedirles que tengan en cuenta estas situaciones que son gérmenes de problemas futuros, aunque no los veamos en el Hospital por desnutrición o deshidratación. Pero los veremos en el consultorio del psicólogo o del mismo pediatra pocos meses o años después, por problemas de conducta, por caprichos, por problemas de aprendizaje, por problemas de socialización.

Sí. Todo eso creo que se puede vislumbrar mirando una situación de alimentación, pero de eso le hablo un poco más abajo. Terminemos primero con lo que es grave ahora a esta edad de los pocos meses y en relación con la comida.

Por ejemplo un bebé que le dan por sonda de comer durante

meses porque está internado, por prematurez o por atresia de esófago o por algún otro motivo. Desarrollan lo que llamamos TAP (Trastorno Alimenticio Postraumático). No comen por boca. No conocen la boca como órgano de placer, de alimentación. Requieren un largo trabajo de reeducación. O en la atresia de esófago que hay que injertarle un pedazo de intestino para hacerle un esófago que no tiene o no funciona.

Pero no le voy a pasar toda la película de los horrores. Si a usted le tocó la mala suerte de uno de éstos problemas, seguro que está bien atendida y que se ocupan de usted y del bebé y le resuelven todo lo que acabo de enunciar. En todo caso, esos problemas son ajenos a nuestro comportamiento y solo podemos hacer algo en la medida que los médicos resuelvan lo principal.

De las cosas que le pueden pasar: los vómitos, por ejemplo. Muchos dicen que no tienen importancia si son ocasionales y no son en chorro, tipo manguera. Su pediatra le dirá cuando preocuparse por los vómitos, que en general son benignos y de causa desconocida.

El bebé que se atora comiendo, eso sí es algo que tiene que aprender a resolver enseguida. Pídale al pediatra que le enseñe qué se hace y como se hace y practique con un muñeco o con su hijo un poco como parte de un juego.

El pasaje de la mamadera a la cuchara es otro tema. Si dejó pasar ocho meses sin introducir la cuchara, ¡está frita señora! ¿Quién quiere pasar de ocho meses de teta al vil metal? Practique de a poco desde el cuarto o quinto mes, a más tardar al sexto mes. Y también con una mamadera de agua, un poquito cuando hace calor o así. De lo contrario cuando deje una mamadera de leche que se sacó para poder ir al centro toda la tarde, no se la toma, porque no le gusta la goma, así como no le gusta el metal. Son así, que le va a hacer, y no los cambia si no es de a poco y desde temprano, un poquito por vez.

Bueno, ahora sí pasemos a lo nuestro, a eso que va a conformar el 25% del que le hablé más arriba:

Si su bebé tiene problemas con el comer, tenga un poco de paciencia -no sólo con él, conmigo también- y lea los siguientes párrafos que le van a permitir entender mejor cómo y porqué se arma lío con la comida. Si su bebé no tiene problemas de este tipo, puede leer esta parte solamente y saltearse la de los problemas que viene a continuación. Como siempre, me parece mejor entender como son las cosas cuando anda todo bien y después deducir fácilmente lo que puede ser la razón de lo que no marcha como debe.

Además de dormir los bebés comen. En realidad parecen ser las dos cosas que identificamos claramente como lo que ocupa al bebé, por lo menos cuando es muy chico. El juego que hace un bebé de pocos meses es perceptible para las madres muy avivadas, o algún especialista. ¿Observó por ejemplo, que el bebé de pecho, póngale tres meses de edad, después de unas cuantas chupadas para llenarse la panza, empieza a chupar de manera irregular? Ahora despacito, ahora nada, ahora más rápido. Si, puede ser que no significa nada, que es casualidad. Pero para nosotros los "psi" la casualidad es un poco mala palabra. ¿Pero entonces qué? Digamos que está "probando". ¿Probando qué? - Y nada, probando como es chupar despacio, rápido o nada.

¡Vio los chicos de 2 años que llegaron hasta el teléfono y levantan el tubo, aprietan los botones, ponen el tubo, hacen que hablan, vuelven a discar (esperemos que no enganchen un 0600), vuelven a levantar el tubo, hasta que usted se da cuenta y le grita (bueno, más o menos) "deja de jugar con ese teléfono nene!"

Bueno, el de 2 años prueba con el teléfono, el de tres meses prueba con la teta. O sea que probar y jugar puede ser bastante lo mismo.

Le cuento otras "pruebas" o juegos: le mete el dedo en la boca mientras toma el pecho, o le tira del pelo, o pasa la mano por el pecho, o se agarra de la blusa. Hay mamás que cuando estos comportamientos van aumentando le preguntan: "¿No querés más?- ¿Vas a comer o jugar?".

Por suerte son las menos. La mayoría de las mamás, o bien lo dejan al bebé hacer todas sus pruebitas, o se incluyen en el juego, se divierten, le hacen alguna monería. Estas son las que ligan más sonrisas.

Cuando se empieza a dar comida con cucharita, alrededor del 4° al 6° mes de nacido, todo esto se va a ver mucho más claro. Es más, las investigaciones que hicimos permiten distinguir al menos cuatro comportamientos claros del bebé: la exploración, la comunicación (con gestos, acercamientos, miradas), la experimentación y el juego. Y las mamas pueden tener dos comportamientos básicos: o aceptan o rechazan esas actividades del bebé. El aceptarlas puede ir del simple "tolerar" al facilitar y participar. Por ejemplo, la mamá le acerca una cuchara al bebé que anda persiguiendo la cuchara que usa mamá para darle de comer, le pone una cucharada o media de puré sobre la bandeja (¡que enchastre! ¡Ni loca!), le deja meter el dedo en el plato de la comida, espera con la cuchara estacionada delante de la boca del bebé que ensaya un cantito o termina de explorar una miga que encontró sobre la bandeja y que arrastra con la puntita del dedo, de un lado para el otro.

El rechazo puede ir de una simple restricción del acceso del bebé a la comida y los utensilios (para que no se haga desorden) hasta el enfrentamiento directo del tipo "quien manda acá". Por ejemplo, la madre aleja la cuchara cuando el bebé estira la mano, saca el plato cuando quiere meter la punta del dedo, la pasa el trapo cada rato a la bandeja o mesa de comida (también a la cara del bebé), lo apura a abrir la boca cuando todavía está jugando con algo en la mesa, o directamente se trenza en una pulseada por la cuchara, el plato, el vaso, la servilleta, el trapo o cualquier cosa que el bebé quiere para sí y la mamá también.

Dos escenarios diferentes. Y dos resultados distintos.

¿En qué? Le cuento: en el primer caso, cuando la mama lo deja participar o hacer "la suya" (hasta cierto punto se entiende), él bebe come además de hacer lo que hace. En el segundo caso, come menos. Así de simple. Para empezar.

Pero le doy más detalles: si ve un bebe que escupe la mitad de la cucharada que le pusieron en la boca, si gira la cabeza cuando viene la cuchara evitándola, si se tira para atrás en su sillita, cada vez estamos más cerca del revoleo de cosas, del ataque de bronca, de la pataleta. Si encima usted empieza a pulsear por el trapito o la cuchara, "se pudre todo". Se acabó la comida en dos de cada tres veces que se arma este lío gordo. Y ese no es el objetivo del dar de comer, todo lo contrario.

Le doy unos datos de una investigación que hicimos durante 15 años. Si las mamás se oponen a las actividades del bebé las señales de rechazo pueden ser hasta el triple. Recuerde que como rechazo entendemos la escupida de comida, sacar la cara de la cuchara y lo que le conté más arriba.

Pero además el conflicto, es decir la pelea entre el bebé y la mamá, también llega a más del doble en el grupo de mamas que rechazan la participación del bebé.

En otro estudio, donde se dividió el grupo en cuatro, según el grado de rechazo -aceptación de la participación del bebé en la comida (primero, los que más aceptación tuvieron, segundo, los que tuvieron alguna aceptación, terceros los que tuvieron algún rechazo y cuartos lo que tuvieron mayor rechazo) estas diferencias se llegan a multiplicar mucho más. Si en el grupo 1 (el de mayor aceptación) había 1 conflicto por comida, en el grupo 4 podía haber entre 5 y 6 (500% de diferencia!).

¿Y eso que importa?

Importa por varias razones, primero, porque si pelea no come. Esa es sencillita nomás. Después porque nos tenemos que acordar de aquel dicho: "no solo de pan vive el hombre". Que quiere decir que además del alimento en la comida ponemos otras cosas. ¿Qué hacen con su marido cuando quieren festejar algo? Salen a comer. ¿Y si quieren agasajar a alguien por su cumpleaños o por alguna otra cosa? Le hacen una comida. En algunas culturas, al muerto se lo celebra con una comida y muy especial, donde se juega todo la cocinera. Las relaciones sociales se cultivan en situaciones de alimentación, sea una asadito sencillo o un banquete especial. Cuantas cosas pasarán por la comida que en un dicho europeo se habla de que para llegar al corazón del hombre hay que entrar por el estómago. O sino, ¿qué me dice del lío de la bulimia, la anorexia y todo ese baile que hace diez años ni nos soñábamos?

Pero le quiero contar lo que aprendí yo con los bebés que pude observar durante 15 años en 350 comidas que filmamos. (¡Ya sé que ya le hablé, pero le quiero hablar de otras cosas que vienen de ahí también!).

Hay cuatro cosas que hace el bebé durante la comida: explora, juega, se relaciona con usted y experimenta. Desde los cuatro meses en adelante, no sé si antes también porque no estudié bebes más chicos, solo los que comían con cuchara y eso no empieza antes del cuarto mes, en realidad el quinto es más frecuente, y ya para los seis meses casi todos los bebes lo hacen. En realidad, experimentar es la única cosa que empieza un poco más tarde que las otras tres, como a los siete meses. Claro, es más complicado hacer experimentos que solo explorar o agarrarle la mano a usted, así porque tiene ganas nomás mientras le mira a los ojos y le hace algún gorjeo (relacionándose).

¿Y para qué sirven esas cuatro cosas?

Algunas conclusiones son fáciles y directas: si el bebé se relaciona con usted, la busca, busca su atención y proximidad, la mira, la toca, ¿qué le parece? Interactúa, se vincula, se relaciona. Empieza la vida social del bebé, en un cierto sentido, ya que es la comunicación con otros seres que se empieza a dibujar con usted en la intimidad. Después vendrán los otros también, algunos casi en simultáneo, padre, hermanos, abuelos.

¿Qué aprende un bebé de la exploración? También parece más o menos fácil entender: aprende como son las cosas, si son frías o calientes, duras o blandas, pesadas o livianas, si sirven para comer o no. Se conecta con el mundo de las cosas, de los objetos, descubre su comportamiento y sus características.

Aprende. Que palabra simple y compleja a la vez. Muy anterior al colegio, especie de asociación automática con aprendizaje, y en realidad solo es una forma organizada y concentrada, pero que ni siquiera consigue sus objetivos muchas veces. ¡Pero no vamos a empezar con las críticas a los sistemas educativos!

Aprender. El bebé aprende a través de sus intervenciones activas sobre el mundo que lo rodea, con sus exploraciones, sus interacciones con usted, sus juegos y por último con sus experimentaciones. Voy a ver si le puedo explicar cortito lo que aprende. Ya dijimos que aprende sobre las cosas del mundo, como son. El conocimiento del mundo. Pero también aprende como se hace para descubrir algo. Le doy un ejemplo, si mete el dedo en el puré que mamá está enfriando cerca de él y se quema, casi seguro que la próxima vez no se manda con todo el dedo hasta la muñeca. Probará con la puntita, cuanto más avivado y más inteligente, más puntita y menos dedo en la segunda vez. Tiene lógica, ¿no? Bueno, pero eso es aprender "como se hace". Es un conocimiento operativo, del tipo: "si usas tu dedo de termómetro, no seas gil, pone la puntita". Eso se llama "know-how" que es lo que a veces los países adelantados nos quieren vender, el "know -how" de un procedimiento industrial. Bueno, el bebé, en otra escala, empieza a acumular "know-how" que en algunos años le exportará al hermanito menor, que es un galán bárbaro y mete el dedo a lo bestia ¡qué salame Juancito, no sabe nada! (¿celos? ¡Nooooo!).

Recuerdo un bebé, que está en varios de nuestros videos, que trata de ponerle la tapa con rosca a la mamadera. Tiene 10-11 meses. Trata un par de veces. Al final cambia de mano, pasa de la derecha a la izquierda la tapa de la mamadera. Ahí le sale mejor, la pone y la saca, la pone y la saca, unas 8 o 9 veces. Vuelve la tapa a la otra mano y prueba de nuevo. (A todo esto la mamá con infinita paciencia espera que abra la boca de vez en cuando para dejar entrar una cucharada de comida). ¿Qué está haciendo este bebé? Experimenta. Claro, no es del Conycet, ni de ninguna universidad, pero igual experimenta. Que quiere, tiene 10 meses, no 1000. Y aprende varias cosas, por ejemplo a buscar de cambiar de instrumento-mano para ver si le sale mejor. Después práctica, repite las 9 veces. Después pasa a la otra mano. Creo que esto podemos llamarlo aprender a aprender, el bebé está aprendiendo como se aprende a ponerle la tapa a una mamadera.

¡Ja! ¡Por qué no le das el Nobel!

Ríase, ya le va a llegar el Nobel si sigue así. Si lo dejan. No solo ustedes en la casa, después vienen los "sistemas educativos" (ahí me empiezo a enojar de nuevo, calma, calma, hacen lo que pueden). Después viene la universidad, el ejercicio de la profesión y depende en qué país está se podrá hacer explorador, experimentador o solo desempleado. Porque estamos dentro de una cebolla que nos acompaña toda la vida. ¿O se cree que Einstein descubrió todo solo en el fondo del jardín de su casa en Alemania? Tuvo que emigrar, pasar de un lugar al otro, hasta que las condiciones fueron propicias.

Bueno, paremos acá el debate. La cosa es que el chico aprende a aprender desde tan temprano como los 8, 9 o 10 meses de edad. Pero necesita algún espacio para poder hacerlo. No puede ser en medio de un clima tenso, con enojos de la madre, interferencias constantes.

Y ahí viene lo que decíamos antes. Aparecen las complicaciones de las que hablamos, reacciones y conflictos. Y con ellos llega y a veces se instala la pelea entre mama y bebe. Con eso se pierde o se interrumpe bastante el proceso de aprendizaje.

Eso es una pérdida grave, me parece a mí.

Le cuento dos cosas más, que si bien en alguna parte del libro ya están, tienen mucho que ver con esto que hablamos ahora. Se trata de la **autovaloración** y de la creatividad.

Cuando el chico logra algo se siente bien, se le nota la satisfacción, ponen unas caras de lo más elocuentes. Además la mamá se lo hace saber también. ¿Se acuerda cuando hablamos del espejo hicimos un cuadro (ver Figura 2)? ¿No le parece que el chico que logra poner la tapa a la mamadera y que después le pasa ese saber a su otra mano, siente que adquiere destreza y que eso lo hace sentirse bien?

Lo de la creatividad es muy interesante y muy importante.

191

En el juego de los chicos pudimos observar en algunas oportunidades que construían situaciones nuevas con elementos viejos. Eso es una construcción o una transformación, que indica una capacidad de uso simbólico de los objetos. Si una cuchara es usada ahora de palillo de tambor y después de vehículo que empuja algo, por ejemplo empujar el plato con la cuchara, podemos decir que el bebé está inventando instrumentos. Y eso para muchos antropólogos es la diferencia entre los humanos, al menos de los primates superiores, y el resto de los animales. Fue durante mucho tiempo el criterio de distinción principal, que ahora está siendo reemplazado por otros. Pero para nosotros es importante saber que Pedrito es inventor y creador a la temprana edad que tiene, ¿o no?

Tampoco va a crear una sinfonía, pero va a empezar a saber de sí-mismo que tiene la capacidad de poner en el mundo cosas que son nuevas, solo porque él les da ese sentido.

¿Y esa definición no hace la diferencia entre un mamarracho y un cuadro de Dalí?

Bueno, pero la creatividad es un tema para discusiones muy largas y complejas.

De lo que no me arrepiento ni doy marcha atrás por nada es de decir que Pedrito, en esas operaciones con la cuchara, ha alcanzado un nivel del desarrollo donde empieza la creatividad. Y con eso me conformo y confórmese usted también, valórelo y a cambio tolere un poco de más trabajo durante la comida, vale la pena.

¿Pero por qué hay problemas en el 25% de las comidas?

Bueno, esa es la pregunta que esperaba. Creo que es porque para los papas (genérico de padre y madre), el valor de estas situaciones no está tan claro como lo está para mí.

Situación doméstica standard: mamá joven, primeriza, profesional o empleada, con poco tiempo, tiene que dar de comer. ¿Qué busca en la comida? Que el bebé se alimente que suba de peso, un valor todavía sostenido muy en alto en nuestra cultura, aunque ya descartado por los pediatras y especialistas. Bebé gordo no es sinónimo automático de bebé sano.

Segundo, la mamá busca "educar" al chico, que si no va a ser un maleducado, si no aprende a comer bien.

Parece mentira pero este pensamiento todavía existe. La idea que los buenos modales se aprenden de chiquito. Por suerte no es la mayoría y vemos muchos padres que tienen una relación mucho más relajada con sus hijos, donde disfrutan de las andadas de Pedrito y descubren sus descubrimientos, con tanta alegría como Pedrito mismo.

Tercera situación standard, hay que terminar pronto, ¡porque hay tantas otras cosas para hacer!
La maldición de nuestra época, la falta de tiempo, o la falta de ayuda, o la presión constante, o todo junto. Sí. Es así. Hace falta un gran desprendimiento parental para "dejar ir" un montón de cosas en favor de un ambiente hogareño apacible, una situación de alimentación tranqui y serena, que se pueda disfrutar entre todos los partícipes.

La cuarta es más complicada: la agenda de mamá no coincide con la del bebé. No. No la "electrónica". La programática. Mamá tiene en la cabeza un "plan quinquenal" para el bebé y está decidida a cumplirlo. Acá sí que se arma el bodrio. Pero para entenderlo tenemos que volver a leer el capítulo de los tres bebés dentro de la mamá. Como ya está dicho en varias partes se lo digo muy cortito: si usted tiene claro al bebé de la percepción, todo esto no es para usted; va a hacer las cosas bien, porque va a seguir al bebé en sus descubrimientos en vez de imponerle sus ideas y programas. El bebé agradecido de por vida. Se lo aseguro.

Bueno, si me extendí en este capítulo es porque en él están los elementos que me llevaron a todo el libro, a mis reflexiones sobre el desarrollo humano y en especial a la constitución del Ser, de la individualidad.

¡Se porta mal! ¡Es un caprichoso!

El capricho es el final de un cuento largo, que comienza muy al principio de la historia con mamá. Voy a tratar de contarles una de esas historias para ver si podemos entendemos: María cumplió ocho meses, está sentada en su sillita y la mamá le da de comer. María extiende la mano para agarrar la cuchara, mamá la esquiva. María pone un dedo dentro del puré, la madre retira el plato. María descubre un poco de puré en la bandeja y desliza su índice esparciendo ese poquito. La madre pasa un trapo y limpia. María toma un jarrito con tapa y bombilla; tiene agua o leche. María lo agita y presta atención al sonido, para y repite. La madre le quita el jarro: "¡...te estás mojando toda María!...". Han pasado cinco minutos.
Parece que María no puede realizar ninguna de las experiencias por las que siente inclinación. Después de haber visto en nuestra investigación más de 350 comidas de bebes con sus mamas, sabemos que María está organizando su relación con el mundo, busca conocer, desarrollar habilidades, jugar, explorar. Esto puede ser claro para algunas mamás que le hacen lugar a las experiencias. La mamá de María parece que no le da importancia ni valor a las iniciativas de su hija. Tal vez está apurada, tiene que ir a trabajar. Tiene otros hijos para atender, ese día está mal y no tiene paciencia.
Si esto no es cuestión de un día y se repite, seguro que María no se lo "banca" tan fácil como lo describimos en estas pocas líneas. Empieza a escupir la comida, no abre la boca, gira la ca-

beza o empieza a patalear en su silla. Para cuando llegamos a los dos años y medio o tres y María se tira al piso llorando y gritando que quiere el vestido amarillo y que no acepta el que mamá le ofrece, no estamos al principio sino al final de una historia.

Hagamos un ejercicio: usted señora está sentada en la mesa y quiere servirse de la fuente; la otra persona presente saca la fuente del alcance de sus manos. Se quiere servir agua, le sacan la jarra. Quiere prender la tele para distraerse, se la apagan. Se pone a jugar con su llavero, se lo quitan. Es medio increíble, ¿no? ¿Cómo le harían todo eso? ¿Porque?

Lo más probable es que a la primera usted responda. Que increpe al otro. A la segunda se enoja. Si llega hasta la cuarta y no pudo reaccionar, está deprimida, vaya al psiquiatra. ¿Porque María se banca todo eso? Los chicos tienen más paciencia que los grandes. Saben hacer promedio, mamá no siempre es así. También están acostumbrados a eso de hacerse un lugar de a poquito. ¡Hemos visto bebés pidiendo la cuchara hasta 20 veces en una comida de 15 minutos y cuando al pedido 21 la madre responde dándole la cuchara, sonríen y se ponen a jugar! Nosotros, "los grandes", ¿tenemos la misma paciencia para conseguir lo que queremos? Los bebés aguantan porque deben saber que las mamás no son "malas ", que solo les cuesta mucho entender lo que es un bebé, qué quiere, qué necesita, qué se le puede dar y que no. Cuando las mamás se hacen más cancheras la amansadora del bebé se hace más corta, los temas se definen más rápido. María es primera hija de una mama novata, que tiene en la cabeza 123.500 consejos de abuelas, tías, vecinas, amigas, hermanas, y comedidos de turno. Hasta que dice" ¡Ma, 'sí! ¡Voy a hacer lo que me parece a mí! ".

Bien por esa mamá, bien, porque el único "manual" de crianza está adentro de uno mismo.

¿Por qué no es imaginable que estos cuatro o cinco impedimentos seguidos se puedan producir entre adultos? Porque un adulto responde, salvo que esté deprimido, con medios que otro adulto entiende. Tenemos más recursos para frenar al otro. Se suele decir: "...nos hicimos respetar...".

Hacerse respetar parece cosa de adultos. Y los chicos ¿por qué no se hacen respetar? No tienen con qué, hasta que aprenden. Por ejemplo, con caprichos.

Entonces ¿podemos definir al capricho como una defensa? Y más o menos sí, es la defensa del débil.

Porque los bebés son más débiles que las mamás, por lo menos al principio y si las cosas fueron más o menos bien. Si la relación entre ellos anduvo muy mal desde el comienzo, los caprichos aparecen muy temprano y puede haber complicaciones serias con mamás llorando, papas gritando, abuelas asustadas y todo el espectáculo completo.

El capricho aparece entonces como una forma de hacerse respetar, de pararle la mano a la mamá. Pero no suena bien esta conclusión, ¿no es cierto? Tendría que ser de otra manera. Porque de esta forma, hacerse respetar parece una cosa de fuerza, una pulseada. Es cierto que en nuestra cultura él más fuerte consigue el respeto de los demás. Los diccionarios hablan de "veneración, acatamiento que se hace a uno". Esa definición suena al respeto hacia el más fuerte. Pero también habla el diccionario de "miramiento, consideración ". Entonces hay otra forma de entender el respeto como lo explicamos más al principio del libro.

Si podemos tomarnos el tiempo y el trabajo para entender qué quiere el bebé cuando intenta hacer algo, si nos divertimos con sus descubrimientos, si disfrutamos su juego aunque nos traiga alguna demora, si aceptamos un pequeño trastorno en nuestros planes (una comida, una salida, un juego), si nos dejamos sorprender por los inventos que arma aunque no sea como lo habíamos pensado, si no nos aprovechamos de ser grandes para que el hijo o la hija salga como queremos nosotros, lo habremos respetado. Es muy posible que en el futuro no tengamos que padecer los caprichos, esa otra forma de hacerse respetar "por la fuerza" (de los débiles). El respeto entendido como tolerancia, como miramiento y consideración es el que permite hacerle un lugar a ese ser incipiente. La tolerancia es una fuerza; es la capacidad de distinguir la existencia de un otro que busca expresarse, conocer, relacionarse. El "viva la pepa" en cambio, es la debilidad de quien no se toma el trabajo de averiguar para qué pide espacio el nuevo ser, que no hace el esfuerzo de comprender y guiar las experiencias y el juego del bebé y prefiere mirar la tele mientras el chico queda solo en sus descubrimientos y termina con una salvajada para recuperar la mamá.

¿Quiere una receta? Si ya hay capricho, trate de ver si puede aprender a negociar. Permita aquello que no le es esencial y mantenga solo lo que es realmente importante. Si el capricho ya es muy grave, puede necesitar asistencia psicológica. Si todavía no hay capricho, haga la prevención: diviértase con la originalidad de su bebe, descúbralo, obsérvelo, disfrute de su destreza creciente, su espíritu descubridor, las experimentaciones que es capaz de armar, como la invita a jugar, como se comunica con usted, las cosas, el mundo. Cuando algo es muy importante para usted, sosténgalo, hágaselo entender. Y sepa que "educar" no necesita ser una tarea hecha con severidad y que negociando se enseña también a negociar.

¡Ya sé! Me va a hablar del tiempo, del tiempo que eso lleva, que Usted no lo tiene, que la casa, los otros chicos. ¡Qué sé yo todo lo que tiene que hacer una mamá!

¿Ya se calmó? Le cuento que los caprichos que vienen después también llevan mucho tiempo. Ahorre, invierta unas horas ahora y se las salva después.

Además, ¿quiere que le diga algo? Se pierde lo más divertido, porque el bebé en acción es una cosa muy graciosa. Si sabe esperar, aprenderá a ver y con eso le vendrá la sorpresa.

No le voy a negar que cuando el bebé se acostumbra a hacer lo que le gusta y lo que siente inclinación a hacer, desarrolla también una fuerte voluntad propia: **sabe lo que quiere**. Pero, con la mano en el corazón, ¿no es mejor saber lo que se quiere, que no saberlo? Quizá Usted misma hoy esté luchando con recuperar la conexión con lo que le gusta y no tanto con lo que se debe, con el "...tengo que..." que nos termina agotando.

Y no se olvide que le queda la negociación, uno de los ejercicios más humanos y a la vez tan poco presentes en la mayoría de las interacciones que vemos. Pero NEGOCIACIÓN y no chantaje o seducción. Persuasión en vez de coerción.

El bebé pegote

"...Doctor, ¡la nena se agarra de mi cartera y no me deja salir de la casa! La llevo prendida de la cartera hasta la puerta, arrastrándola. ¿Qué hago?.."
En otros casos, cuentan que el chiquito se agarra como "garrapata" con ambos brazos a la pierna del adulto que se está por ir.

Pero eso es el caso de chicos más grandes, que ya caminan. Pensemos en un bebé que no se lo puede dejar en su cuna, que quiere "upa" todo el tiempo. Ni bien lo deja, se pone a llorar, grita, patalea.

Tiene un problema mamá, su bebé es muy "pegote". O cuando se va o cuando llega, se le pega como ventosa. No acepta la separación.

¿Se acuerda cuando hablamos del "apego"? Bueno, acá que diríamos, por ejemplo, ¿qué el bebé está demasiado apegado? Descriptivamente es así, se queda "pegado". Pero eso en realidad es **lo opuesto** a un apego. El bebé "pegado" tiene un problema con el apego, no lo pudo realizar adecuadamente, se ligó poco, o se ató demasiado sueltito y a cada separación se "desata" y entonces reacciona con el pegoteo cuando se produce la reunión.

Entonces no se puede estar "demasiado" apegado. Se está apegado o no se está. No hay "mucho" apego. Tome el ejemplo de una lámpara que no enciende, tal vez le falta media vuelta a la rosca, o las patitas del enchufe tienen dos milímetros de distancia con el contacto y hace falta un empujoncito o media vuelta a la bombita y entonces se hace la luz. Con el apego es así. Una situación intermedia de "apego sí-apego no" se puede dar igual que con la luz, la media vuelta que falta se corrige con el temblor que produce el tren que pasa al lado de su casa y, ¡uy! la luz se prende y se apaga "sola".

¡Que tiene que ver todo esto de la lamparita y la luz con el bebé que no me deja soltarlo ni un minutito!

Volviendo al tema, si el bebé no pudo completar el proceso de "enroscado" con usted, o quedó medio "desenchufado", va a tener problemas para pegarse y despegarse. Puede ser que le arme un escándalo cuando usted llega ("¡... parece que me lo hace a propósito, llego muerta de cansancio y se pone loco por media hora hasta que se calma, no puede ser!..."), o sea tiene un problema para volverse a pegar a usted. En este caso parece que se las arregla bastante bien el bebé para hacerle saber su enojo por la ausencia suya. O fue muy larga o no está todavía bien seguro que usted va pero vuelve.

¿Qué quiere decir todo esto? Por ejemplo, eso que todavía "no está seguro", ¿qué quiere decir?

Es muy fácil de explicar y muchas veces muy fácil de lograr. Cuando el proceso de "atarse", en la formación del vínculo ese que llamamos "primario" por ser primero o de los primeros, se hace despacio, con tiempo, con buena letra, es decir sin interrupciones bruscas o demasiado prolongadas, el bebé termina teniendo una serie de "fotos" (imágenes interiores) o de otros registros, por ejemplo olfativos[44], auditivos, y también táctiles como ser el reconocimiento del tipo de piel y de temperatura de la madre.

Todas cosas que después en la vida los amantes vuelven a vivir con toda naturalidad: reconocer a la persona querida por como camina por el palier, o el ruidito característico del llavero, o la forma de carraspear, o el olor que hay en la casa cuando se llega que delata que "está o no está".

Y ya que estamos no hablemos de la cara de su marido o de alguno de los otros "grandes" si llega tarde del trabajo alguna vez. ¡Otra que bebé desenroscado!

Pero veamos cómo es eso de tener un apego logrado, porque así nos evitamos los dramas del pegoteo. El apego lleva unos cuantos meses, durante los cuales se tienen que dar varias cosas: primero que nada, presencia; presencia persistente. Esto nos llevó a darle un espacio importante al tema de la licencia por maternidad y de los programas de este tipo en otros países. Sin

---

44 Le cuento una historia que es dramática pero muy ilustrativa. Un bebé pierde la mamá en la guerra. Es de pocos meses. No acepta tomar la mamadera. Empieza a perder peso y deshidratarse. A una psicóloga se le ocurre una idea, pide una prenda de la madre, un suéter o una blusa. Se la traen, se la pone, toma al bebé y ¡Toma toda la mamadera! ¿Qué pasó? ¿Un milagro? No, solo que el bebé "reconoció" el olor a mamá y dejo de extrañar.

una continuidad en la presencia durante un buen tiempo no hay apego, solo apego tipo "le-falta-media-rosca".

Además de la presencia tiene que haber *sensibilidad*, a lo que el bebé necesita, y a como lo expresa o como lo pide. ¿No es cierto que con su segundo chico pudo distinguir más rápidamente las diferentes formas de llanto que tenía? Los bebés no lloran igual cuando tienen frío, hambre, sueño o dolor. Hay al menos cinco tipos de llantos que pueden distinguirse claramente en los estudios comparativos hechos en laboratorio. De modo que las mamás también saben esto y más.

Su sensibilidad le va a indicar cuando ya está bien, es suficiente, con las fiestas que le hacen los abuelos, los tíos, los primos y la demás gente que se junta cuando hay un bebé nuevo. Ahí una "vocecita" interior le dice que hay que tomar al bebé con seguridad en sus brazos, y luego de una pequeña serenada (de serenar, no de serenata) ponerlo a dormir.

Claro, puede pasar que le dicen ¡Ah! ¡Está celosa! No quiere prestar a su bebé ¡déjalo, no seas así!

Si usted es novata, menor de 25 o única o "la mayorcita", tiene 90% en su contra (y en contra del bebé). Porque es probable que en 9 de cada 10 casos de esas características, va a desoír la "vocecita interior" y dejarles el bebé a los protestones mal criadores.

Ahí tiene una buena aplicación de la palabra "malcriado"; seria cuando se le hace caso a los que no tienen sensibilidad para lo que le pasa al bebé. O, lo que es lo mismo, toda vez que usted no le hace caso a la "vocecita" que le dice lo que tiene que hacer. Los malcriados lo son (malcriados) porque se los cría sin sensibilidad. Que es distinto a pensar que es el chico al que se le "dan todos los gustos". Es el chico al que no se le da lo que necesita. Es el chico que los grandes **usan** para su diversión particular. Sí, **usan**.

Porque no es otra cosa, cuando se lo tiene en brazos al chico, un grande después del otro, durante ratos y ratos, todos con la cara a 10 cm de la del bebé, hablándole fuerte, gritándose comentarios. Se estimulan las respuestas sociales del bebé, como la sonrisa, sus gestos y expresiones de sorpresa, intriga, susto, incluso las muecas ante sabores extraños administrándole pequeñas (o no tan pequeñas) porciones de comida de adultos.

Ya sabemos todos que es bueno estimular al bebé. Ya no lo fajamos más[45], lo tenemos con nosotros bastante tiempo, que viva la vida de la familia, que participe en su sillita o en su sillón-hamaca (esos de hierro y paño que son como una reposera para bebés). También le hablamos, le cantamos, le hacemos algunas monerías. Los abuelos, tíos y primos son todos bien venidos. La familia grande es una ventaja en muchos sentidos. También son vínculos (¿se acuerda lo que decíamos más arriba?) que se empiezan a establecer con nuevos seres del universo afectivo del chico. Se va conformando así la red de soporte que tendrá ese futuro ser o ser-en-desarrollo.

Pero eso no significa que el bebé tiene que ser el sonajero de los grandes. Y su sensibilidad le tiene que indicar hasta donde el bebé tiene un beneficio de la estimulación que recibe y donde se empieza a transformar en una carga para ese alma todavía chiquita para poder procesar tantas cosas.

Por suerte el bebé viene de fábrica con algunas protecciones. Por ejemplo tiene un mecanismo que se llama de "apagado"

---

45   No de pegarle, pero pregunte a su abuela si se acuerda de los bebes fajados. Se los envolvía como una momia egipcia en un largo paño tipo vendaje. La idea era impedir que se lastimara con sus movimientos torpes y las uñas largas. Es más fácil cortarle las uñas y la torpeza del bebé no es tal. Además se lo ponía en cuartos aislados y oscuros, porque se creía que lo importante era que duerma muchas muchas horas.

(shut-off, en inglés). Esto se descubrió haciendo un test a los recién nacidos (¿se acuerda que más arriba le conté de la prueba de cubrirlo al bebé con un pañal para ver como se lo saca?). En un total de 60 pruebas que se realizan[46] hay algunas que buscan determinar cómo reacciona el bebé a estímulos molestos. En un caso se hace sonar una campanita al lado de su oreja mientras está en sueño profundo. En otra prueba, se le ilumina el ojo cerrado con una linterna pequeña y en la tercera se aplica un corcho con una punta de aguja sobre el talón. ¡No se asuste! La aguja apenas asoma un milímetro y no tiene nada que ver con los pinchazos que se le dan al bebé para sacar una gota de sangre y que sí son profundos y dolorosos.

En todo caso, los tres estímulos molestos producen en el bebé dormido profundamente una reacción que llamamos "estremecimiento"; consiste en una especie de sacudida general de todo el cuerpo. Lo habrá observado usted ya aún en condiciones de algún estímulo adverso externo. Son los estremecimientos normales de los primeros meses de la vida. Como respuesta a un estímulo nocivo (adverso, molesto) indican la capacidad de reacción del bebé a las perturbaciones. Lo interesante, y a eso viene todo este largo cuento, es que luego de 5, 6 o 7 estremecimientos normalmente el bebé ya no responde. Se dio el "apagado" de la reacción, la respuesta se apaga por un mecanismo de protección interno.

Entonces, los tíos, abuelos y primos pueden seguir sacudiéndolo tranquilamente.

---

46   En el test de Brazelton se trataba de predecir el desarrollo psicosocial de un recién nacido, efectuando dos mediciones del mismo, la primera dentro de los tres días de nacido y la segunda a los 30 días. Este autor, Berry Brazelton, tiene una serie de publicaciones para padres (además de muchas de tipo científico) que están traducidas al castellano y son lecturas recomendables o libros de consulta para evaluar el progreso del desarrollo de su chico.

¡No! ¡Esa no es la conclusión! La idea es que alguna protección tienen los chicos para los estímulos nocivos, pero una abuela o abuelo medios sordos, gritándose comentarios sobre el bebé es más sonido, es más fuerte que una "campanita". Hay estímulos que rompen todas las barreras.

Resumiendo sensibilidad, decimos que es la capacidad que desarrolla una madre a través de aquel período de preocupación materna primaria (¿se acuerda más arriba cuando hablamos en el capítulo de **"Comportamiento del Ambiente"**?, por ahí quiere releerlo, no todo se entiende de entrada) para detectar las necesidad y diferenciar entre los diversos modos que tiene un bebe de expresarse en sus requerimientos. Esta sensibilidad, a la que también podemos llamar la "vocecita interior", es algo más bien tenue, no muy fuerte, a lo que hay que prestar atención, acostumbrarse a escucharla, incluso aprender a "conversar" con ella. Salvo que lo haga en voz alta, no va a parecer loca, si se interroga -"¿te parece que lo puedo dejar en lo de mamá cono todo el lío que arman allá cada vez que va Pedrito? - ¡Y bueno, decirle a la vieja que lo cuide del bochinche de la tele que prende el viejo cuando escucha el partido! - Si, ¿pero te parece que el viejo le hace caso? - ¡Y bueno, pero es por Pedrito! A eso el viejo le da bolilla, ¡si se muere por Pedrito! "- De esa manera va practicando ser mamá. A las dos voces suyas se van agregando las de las amigas de la Plaza o del trabajo con las que conversa de éstos temas cuando están en un descanso o llevaron a los chicos a jugar al sol. También puede estar la voz de su mamá cuando le dice las cosas que usted entendió como "piolas" de la vieja. Y porqué no, la de su marido, que además de tirar pálidas contra la suegra puede tener buenas observaciones sobre lo que pasa con Pedrito en la casa de su mamá o en la casa de la mamá de él.

Una cosa más hace falta para lograr el buen apego: **cooperación** con el bebé.

¿Y eso? -Así nomás como se escucha, colaborar con él.

Desde lo más simple: si la sensibilidad le indica que el bebé tiene que ir a dormir a su cuarto, tranquilo y sin tanto lío alrededor, la cooperación es darle las piernas que no tiene, alzarlo y llevarlo.

Si tiene hambre, prepárele la comida y adminístresela (cooperación), midiendo con la sensibilidad la cantidad, el ritmo de la administración. Bañarlo de manera que no se queme con el agua caliente, que no se ahogue tragando agua, que no le entre jabón el ojo, dejándole el espacio para poder chapotear un poco sin que el "agua le llegue al cuello". Cuando tienen los pañales sucios lavarlo y ponerle la crema en las zonas coloradas que pican y arden. Sin que el bebé sepa qué le está pasando se siente atormentado por algo molesto que experimenta como una amenaza, un ataque, ni siquiera pudiendo localizar **bien** de dónde le viene esa amenaza. Es posible que usted no se acuerde de cómo fue aprendiendo a saber que le pasa en cada parte del cuerpo (bueno, ¡si tiene la suerte de haber hecho ese logro!).

Cooperamos poniendo remedio a lo que el bebé no identifica todavía como una molestia si bien es causa de malestar.

Esto que llamamos **sensibilidad** y **cooperación**, fue llamado por otros **sostén** y **manejo,** o también limitado a una sola función, como que sensibilidad y cooperación son medio inseparables, llamándose entonces por ejemplo **sintonía** (de la madre con el bebé) o **empatía**. No importa tanto los nombres como saber que existen estas funciones de entender y ayudar al bebé que **en eso** depende de nosotros.

Enfatizo **en eso** porque en otras cosas el bebé goza desde temprano de una cierta autonomía, por ejemplo dispone de posibilidades de regular su respiración, alimentación, circulación, funcionamiento digestivo.

Para terminar con el **buen apego** resumimos entonces que requiere: presencia constante o lo más constante posible durante muchos meses; de la sensibilidad para detectar lo que el bebé requiere en el plano físico y psíquico; y de la capacidad de administrárselo, la cooperación o el manejo.

¡Ya sé! Me pusieron los dedos en una morsa y está apretando para que diga cuanto es "unos cuantos meses". Tienen que apretar un poco más, porque no me quiero pelear con tanta gente y no lo voy a decir. No. ¡Noooo! ¡Ayyy! Está bien, está bien, hablo:

Dos años.

Mucho, ¿demasiado?

Bueno, creo en las negociaciones; el mínimo en el que coinciden muchos investigadores para lograr un apego satisfactorio es un año. Doce meses.

¡No aprieten más que ya hablé!

Bueno, la última concesión,- porque ya es una concesión, que quiere que le diga- : ni un día menos de ocho meses.

-" ¡Pero entonces con la legislación laboral que tenemos no logramos el apego!"-

Eso es algo para decirles a los diputados.

Pero le doy un calmante, podemos negociar por otro lado, no se vaya tantas horas. Si se va 4-6 horas, está todo bien. O si se lo lleva a la guardería del trabajo -contemplado por la ley de trabajo- es posible estar las 8 o 9 horas en el trabajo porque puede ir a verlo para darle de mamar o simplemente tenerlo un rato, que le sienta el olorcito, le vea los ojos, escuche su voz, cargue las pilas.

Claro, esto no les resuelve el problema a las mamas que trabajan 10 horas y viajan 3 o 4 por día para ir y venir. Pero esas mamás le dejan el trabajo del apego a otra persona: la madre, la empleada, a veces el papa desocupado. No pelee por tener ese lugar, porque el bebé lo tiene que hacer y lo va a hacer primero con uno y después con los demás. Si usted pelea ese lugar dificulta el proceso para los que tienen que pegarse. Acéptelo, será en la segunda línea que entra. Es duro, ya lo sé. Que el bebé le tire los brazos a la otra persona y no a usted cuando se cae y golpea, o cuando tiene sueño o hambre, es una patada al corazón. Pero para el bebé es importante tener ese apego. Después saca copias y le pasa una a usted.

Los abuelos

Un poco hablamos del tema de los abuelos cuando mencionábamos "con quien se queda el bebé". Pero es un tema que merece un párrafo para sí.

Primero, si tiene abuelos para ofrecerle al chiquitín, póngase contenta; después arreglamos los detalles. Porque los hay, y es complicado por momentos.

Digo, si tiene, porque no solo algunos abuelos no llegan a conocer a sus nietos por una muerte relativamente temprana, sino que por muchas otras razones los abuelos de hoy no "aportan" igual que antes. Tienen que trabajar, continúan en actividad más tiempo. Y no solo el abuelo, también la abuela. Por razones económicas en muchos casos, pero también porque tienen una profesión o pusieron un negocio y no se sienten con la tranquilidad necesaria para cerrar, dejar, o simplemente bajar el número de horas. No hay mucho margen en la situación socioeconómica de hoy para que se piense en "retiro anticipado". Tal vez conoció, o sintió hablar, de las familias numerosas que convivían en una misma casa, grande, llena de tías solteras, abuelas y abuelos, varios hermanos y hermanas. Ese estilo pasó con la desaparición de las casas grandes y hoy se vive una situación parecida en casas que fueron de la infancia de alguno de los padres, donde la mamá de la mamá (a veces del papá) termina haciéndose cargo de los hijos de sus hijas mujeres y de alguna nuera que fue a parar a la casa. Los jóvenes hacen una casa en los fondos y los viejos viven adelante, en muchos suburbios del conurbano de grandes ciudades. Soluciones al problema habitacional, pero también a la necesidad de muchos jóvenes matrimonios o parejas de salir a trabajar ambos, por dinero, vocación o la combinación de las dos razones. En ese caso se resuelve el cuidado de los hijos menores que se salvan de las guarderías, pero se pierden las ventajas de un buen Jardín Maternal (ver más arriba).

Muchas nonas de otro nivel económico se rejuvenecen inesperadamente al quedar sin hijos en la casa. Cambian el "look", pero también las actividades. Vemos muchas facultades de universidades privadas o estatales pobladas de señoras que salen de una casa que quedó vacía, pensando en los años que le quedan por delante, -cada vez más- por el crecimiento de la expectativa y de la calidad de vida. Esto es un tema para tomar en serio, porque su mamá puede ser una de las nonas que estamos describiendo acá y ustedes tendrían que saber que en la generación de ella no había las mismas facilidades para salir a trabajar o hacer una carrera como lo hay ahora, digamos 30 años después. Lo que cambió no es tanto el problema de una vida más larga, o de las dificultades económicas que han llevado a más mujeres al trabajo. En el caso de su mamá puede haber sido un tercer factor, cultural y de costumbres y creencias. Estos elementos llevaron a que en su época, cuando su mamá era joven como usted ahora, las mujeres podían ser maestras o amas de casa. Si, si, ya sé que usted conoce una dentista, o una escribana o que su ginecóloga es mujer, que tienen la edad de su mamá. No le digo que su mamá no **pudo** estudiar por esos motivos. Solo que era menos frecuente. También le puedo contar que cuando era estudiante de medicina en los principios de los años 60 me encontré con el hecho que el Jefe de Cirugía de uno de los principales hospitales de Buenos Aires era una mujer. Claro, un pequeño detalle, era la hija de José Ingenieros, que seguramente no solo no le puso trabas sino que le debe haber transmitido una serie de valores, ideales y entusiasmo que le facilitaron pasar por las penurias de la discriminación, la desvalorización y las trabas de todo tipo que encontraban las mujeres de antes, más que las de ahora. O sino, otro dato, si hace 20 años las mujeres que estudiaban Ingeniería eran el 3% (datos familiares) hoy son del orden del 20%. Entonces, quiero decir que hubo un cambio, y lo que usted pudo hacer de entrada, su mamá lo tiene que hacer ahora. Entonces, felicitémosla por el esfuerzo y la voluntad de hacer una vida nueva y veamos como la aprovechamos igual. Para eso me remito a la "tablita" confeccionada para la clasificación de abuelas, abuelos o algún otro GERONTE (Género En Reorganización Ocupacional Necesario Todavía En la crianza).

Geronte standard: principalmente la mamá de la mamá, sin una ocupación propia de tiempo completo, dispuesta a instalarse en casa o, secundariamente, recibir en la suya una cantidad variable de nietos y nietas desde bebé hasta el de "almuerzo de preescolar doble turno en el colegio a la vuelta". Suele contar con la ayuda -no entremos en la discusión de la calidad de la prestación- del marido (sea abuelo o no). Sin tener estadísticas y tan solo impresiones de la experiencia profesional y personal, todavía es mayoría en las clases medias y medias bajas. Es un miembro importante de la comunidad y aunque hace lo que hace por amor, placer o compromiso, debiera recibir un mayor reconocimiento, no solo familiar, también social. Pero no entremos en el tema del reconocimiento y su ausencia que es para otro libro (o una enciclopedia). Desarrolla su función sin mucha alharaca (siempre hablando del modelo standard), tienen conocimientos básicos que suelen entrar en conflicto con los de los chicos suyos, (o sea los padres, de los nietos) pero que se "pueden hablar". Se alimenta informáticamente de los recuerdos, dichos familiares, la opinión de la amiga "buena". Ocasionalmente lee algo en una revista o filtra mensajes de canales televisivos orientados a la temática, pero en general la toca "de oído" y bastante bien. Sirve para mandarla al médico con el bebé si es imposible para la mamá.

Lo importante del modelo standard es que disfruta bastante lo que hace. Eso se traduce en una facilitación de la corriente afectiva en ambas direcciones. Se produce entonces un importante apego (¿se acuerda del capítulo ese?). Esto en algunos casos lleva a una complicación, que es que la mamá del bebé tendrá que aceptar la existencia **y la validez** de ese apego, de ese vínculo, que puede competir fuertemente con el que tiene la propia mamá con el bebé. Y eso no es fácil para todas. Pero pensemos en lo que hablamos en el capítulo "Con quien dejarlo", **que a mayor calidad de apego mejor desarrollo del vínculo.** Por eso, si el bebé no va a quedarse con el GS (Geronte Standard) por mucho tiempo esto no es importante, pero sí lo es si va a haber una relación de varios años.

En el modelo standard, el marido de la abuela entra en la definición de la misma: está conforme con lo que hace -en su rol de asistente- cumple mandados, comparte tareas, da muestras de bienestar por lo que hace y si rezonga es poco. No trabaja tanto como "la titular", pero contribuye con tareas y con su presencia. La voz más gruesa del abuelo, su sonoridad, los ruidos que produce (con sus observaciones, moviendo cosas, escuchando la tele o la radio, comentando el diario con vehemencia), la tendencia a la actividad física en la que involucra al bebe, desde arrojarlo al aire hasta sosteniendo sus manos cuando empieza a pararse o caminar, son un complemento a la modalidad de la abuela. En los recuerdos de todos los que se criaron con los mayores quedan estos registros mezclados con los olores a tabaco, mate, café o sudor del abuelo.

Veamos ahora algunas variantes al modelo standard. Están los diferentes sub-tipos de abuelas y hay algunas variedades de GERONTE que podemos analizar:

Sub-tipo "sufro pero estoy siempre"

Esta abuela suele estar centrada en su sufrimiento, lo cual no le impide desarrollar las tareas del cuidado más o menos mecánico, pero sí interfiere en la corriente afectiva con el bebé o el niño pequeño. En estos casos el apego que se establece no es de la calidad óptima, lo cual trae algunas dificultades en el manejo a lo largo del tiempo y en la medida que el cuidado se prolonga estará determinado por las características del vínculo entre ambos integrantes, abuela y bebé (o deambulador). Recordemos acá que lo que es "bueno" para la mamá del bebé (o sea que el vínculo del bebé con la abuela no es *mayor* o más *intenso* que el que tiene el bebé con la mamá) suele ser "malo" para la prolongación del cuidado delegado en la abuela, por aquello que dijimos: **la calidad del apego determina el grado de conflictividad en el desarrollo posterior del vínculo, siendo la conflictividad inversamente proporcional a la calidad del apego.** O sea que cuanto mejor se "pegan" la abuela con el nieto, mejor se llevan y menos líos va a haber en la relación. Conflictividad es el lío, la pelea. Aclarando siempre que "pegarse" no es pegotearse, -que no puede estar el uno sin el otro- sino que significa que hacen buenas migas, se llevan bien, se quieren, pueden estar juntos mucho tiempo pero también se pueden separar, porque cada uno lleva del otro un recuerdo interior que lo une a la persona aunque no esté presente físicamente.

En este caso hay una variante del tipo, "yo te cuido el nene y vos me escuchas las quejas". Esta forma de Geronte no es tan mala y se conforma con poco. Suele ser una abuela que está más sola, con o sin marido (¿porque vio que se puede estar solo de a dos y dicen que es la peor forma de estar solo?). Tiene algunas quejas con la vida, o con el marido, o con la hija o con otro de sus hijos, o con los dolores, o las faltas y carencias. Se queja. Pero acepta este intercambio de cuidados por un poco de oído. Y a su manera se conforma. Con lo cual es una variante tolerable y cercana al modelo standard.

En variantes más complicadas del sufrimiento, no hay oído que pueda recibir todo lo que hay para decir, no hay calma que valga. Siempre gana el sufrimiento y parece que no se puede retribuir los cuidados. Esto deja mal a la mamá que retira al bebé y le hace pensar en formas sustitutivas. Cambiar la abuela por otra solución. Lo cual puede ser una buena idea, si no nace del resentimiento sino del razonamiento. Porque es importante medir si lo que deshace la queja es más que lo que hace el cuidado. Esta medición es delicada, porque la abuela rezongona del tipo complicado, no empezó a rezongar cuando le dejaron el nieto, le venía de antes y eso fue haciendo mella en la mamá del bebé (sea la hija o la nuera de la abuela en cuestión). Esa historia de quejas ya dejó marcas en la mamá y con la deuda de los cuidados solo puede aumentar. Entonces hay que poder medir las ventajas de un cambio. Porque el bebé no suele ser blanco de las quejas de la abuela y sí de los cuidados. En aquellos casos donde la abuela incluye al bebé entre los destinatarios de la queja: ¡ni lo dude, agarre el bebé y salga corriendo!

Sub-tipo "a mí me parece mal, pero... "

Hay variantes que la siguen y la siguen y otras que aflojan rápido -con mala cara- pero aflojan. Hablo del "desacuerdo" que la mayoría de los gerontes tiene con respecto a la crianza que hacen los padres del bebé. Aún la variante standard tiene sus desacuerdos.

La cosa es como se maneja este desacuerdo. Si se transforma en una metralla de comentarios negativos, desacuerdos, reprobaciones, objeciones y otras "opciones", es grave, puede ser difícil de soportar y perjudicial para lo que aquí importa: el desarrollo del bebé. Porque, aclaremos, no es lo mismo una mamá o suegra que dice "¿... sabes que me daba resultado a mí cuando el chico se ponía rebelde? Yo lo tomaba en brazos y le cantaba...." o algo parecido, que otra que le larga "... ¡He! ¡Cualquier día te van a dar el premio a la más pavota! Mira como lo querés enderezar al mocoso ese. ¡Cualquier día te va a hacer caso!... ". La primera geronte le ofrece una solución que usted puede tomar o no. Para la segunda usted ya está descalificada y no sirve, sin remedio ni esperanza.

Hay un cambio, pasó el tiempo, por suerte hay más información y conocimientos, no hay nadie con la precisa pero se puede pensar y descubrir lo que a uno le parece mejor. Entonces las diferentes generaciones no pueden opinar igual ni usar los mismos métodos. Pero como en todo, el desacuerdo con respeto es aceptable, el que se acompaña de aplastamiento, descalificación o violencia no invita al diálogo, ni al aprendizaje sino al alejamiento.

Aprovecho este lugar para hacer un comentario más sobre el "aprender a ser mamá". Lo va a tener que hacer sola. El aprender es una tarea personal, que exige creatividad, coraje, interés y confianza en sí mismo, para nombrar solo algunos requisitos. Hacer lo que dicen otros es copiarse. La diferencia entre copiarse y aprender de los otros está en la transformación que se hace de lo que le ofrecen para aprender, de modo que lo adapta a usted, a su manera, lo comprende, lo asimila, lo acepta, con lo cual lo que empieza por ser azul termina en celeste, o lo que empieza como una semilllita termina en un arbusto con flores.

No hay Biblia ni gran profesor. Hay mujeres y hombres que buscan entender lo que tienen delante, que revisan sus recursos y los ponen en marcha, que piden ayuda y la digieren, que se equivocan y corrigen. Hacen un camino. Se hacen padres: mamá y papá. Igual escribo este libro, no para enseñarle, para compartir lo que yo aprendí por los diferentes caminos de padre, especialista "bebólogo" y como abuelo (todavía poco). No para que encuentre "la solución", sino algunas ideas para pensar. Y ojalá pudiera contestarme (¿cuándo hacemos el libro interactivo?).

Solo nos falta hablar un poco de los abuelos cuando son visita y los visitamos, cuando no intervienen en el cuidado regular resuelto de otra manera. Sus propios afectos le dicen que es bueno verse con los abuelos, por ustedes papá y mamá, y por los bebés. Es un momento de intercambio afectivo y de aprendizajes. Los cuentos que vienen de los abuelos le devuelven algo de la propia infancia, transmiten aprendizajes hechos por los mismos abuelos y de ustedes cuando eran chicos. Es el momento de intercambio de hermanos y primitos entre sí, nuevos lazos y vínculos, que son a veces la única riqueza. Se atemperan conflictos hablando de ellos con una hermana, con la mamá y aún la abuela (la bis...del bebé).

Además, es bienvenido un cambio de aire y si alguien se ocupa de la comida, los platos, las compras, ¡qué alivio por un día!.

Por otro lado, es importante también mantener un equilibrio, un poco de abuelos y un poco de amigos, los iguales a uno, los que también están haciendo el "curso" de parentalidad. Mantener lazos sociales y no solo familiares, es otra manera de enriquecerse.

¡Se terminó el librito, y yo tenía ganas de seguir charlando con ustedes!

Pero me queda un tema para dejar:

¿Qué pasará en el segundo año de vida?

Su bebé va a lograr tres cosas muy importantes:

Deambulación

Lenguaje

Socialización

Veamos cortito cada una de éstas cosas. Deambulación: caminar, ¡bah! Primero a los tumbos y cada vez mejor. Las chicas primero, los varones después. Por lo general en nuestra época al año cumplido ya están dando los primeros pasos, sino antes de eso.

¿Qué significa para el bebé y para usted esto?

Se estira el cordón, cada vez más lejos se van, y empieza una exploración de la cual ya hablamos antes en las comidas, pero ahora ¡tiemblen porcelanas y ceniceros! Ahí va exterminator.
Se amplía mucho el horizonte del bebé y sus excursiones y aprendizajes van en aumento muy significativo. Cada vez duerme menos horas, sobre todo de día, y está más activo. Si lo dejan. Y no importa el corralito, porque si adentro hay cosas para explorar y experimentar se arregla igual. También hay unas puertitas que se ponen a la altura del bebé, son una construcción de madera y plástico que se estira dentro del marco y así mamá en la cocina o en la computadora y bebé en su cuarto con los juguetes y sus cosas. Los dos trabajando. Solo es importante

que el bebé oiga a la mamá dando vueltas o escribiendo o cantando, no necesita estar arriba de mamá, solo cerca. Se aprende a estar solo y a ser uno mismo, estando cerca de alguien, especialmente mamá, no necesariamente pegado.

¿Vio que me gustan los cuentos? Este es de Max Ernst, el pintor moderno, que fue uno de los fundadores del dadaismo y del surrealismo. En realidad el cuento lo cuenta su mujer, la que lo acompañó hasta el final, durante 34 años. Dorothea Tanning se llamaba. Como a los 20 años de casada descubrió el secreto personal de Ernst, el secreto de su persona. Había hecho comprobaciones a lo largo de los años de un cierto modo de ensoñación que tenía este hombre. Y dice textualmente[47]:

"... Ese "algo" profundo y absolutamente impenetrable... lo alejaba imperceptiblemente del lugar donde estaba parado y entonces su amabilidad, elegancia, toda su personalidad, expresaban distancia... A veces su mirada venia de tan lejos, que yo perdía mi compostura... quizá por eso escribí este libro... esa enorme bolsa de su pasado se hundió sin haber sido abierta... el que en cierta manera yo haya sido simple ayudante de un ser tan maravilloso como enigmático no fue una carga, ni doloroso, ni una deshonra... Alguna vez percibí que tácitamente me rogaba que interviniera, que participara en su silenciosa confusión... Pero participar de la verdad ultra personal y salvaje, que lo tenía firmemente aprisionado, ahh, no era una cosa que yo pudiera ¿Por qué también?, se puede preguntar, si él tampoco podía compartir la mía..."(traducción libre).

Pocas veces encontrarán, en tan pocas palabras y a la vez con tanta profundidad algunas de las verdades del ser humano, como en estas frases. No es que sea un destino inmodificable

---

47 "Birthday. Lebenserinnerungen" Dorothea Tanning, Kiepenhaver & Witsch, Koln, 1997. La edición inglesa con título original es Birthday, pág. 160-162.

que no alcancemos nunca la esencia del Otro; tal vez sea posible. Pero debe depender mucho de quien y con quién. De todos modos creo que esconde una raíz de verdad universal, las esencias no son cognoscibles, a veces ni para el mismo sujeto, es más, seguro que no lo son para el propio sujeto. El Otro tiene chances de conocer aspectos nuestros que a nosotros se nos escapan y se nos escaparán siempre.

Pero estos párrafos esconden varias verdades más: estamos uno al lado del otro, compartiendo las vidas, y descubrimos cosas muchos años después de conocernos. Quizá hicieron falta esos años previos para alcanzar el grado de comprensión necesaria.

La relación entre el artista, sobre todo el genio, y su entorno. La posición de "ayudante-asistente" que ocupa Dorothea, que fué la mujer que más "duró" al lado de Max Ernst, ella la resume en una frase muy corta : "...Si hubiera puesto en la balanza de la vida, de un lado mi amor, un cascote con forma de corazón, y en el otro platillo de bronce la estrella del éxito, hubiera sido simplemente despreciable como ser... ". Dorothea también era pintora, y bastante buena por cierto, pero al lado del genio de Max Ernst, era "menos".

¿Hubiera sido Max Ernst el genio que terminó siendo, sin Dorothea? Cuando se conocieron era un pintor de importancia, pero no lo que fue en los últimos 34 años de vida. Difícil de contestar.

Otro punto del mismo tema, la enigmática frase: ...el gran bolso con todos sus pasados se hundió sin nunca ser abierto...

Esa frase me dio mucho que pensar y le explico por qué: cuando tengo que decir de donde sale la creatividad del bebé y del ser humano en general suelo contestar que viene de la gran bolsa de vivencias que ha tenido el bebé desde el comienzo de su vida psicológica, para las cuales no ha encontrado todavía un camino para su expresión y transformación en experiencias.

Cuando Dorothea dice que "esa gran bolsa del pasado se hundió sin ser abierta", se refiere al camino común que hacemos todos, que es ir transformando la bolsa en experiencias que podemos contar (depende del tamaño de la bolsa y de nuestro aparato de transformar vivencias en experiencias).

¿Pero qué pasa si en el caso de Max Ernst eso se transformaba en pintura que hacía tanto impacto en el público?

Claro, ¡pero pobre Max!, ¿O no? ¿Es lo mismo una pintura que una historia que se puede contar? ¿Es más afortunado el literato o novelista que el pintor? ¿Es la palabra "superior" a otras expresiones?

Creo que se puede mentir con la pintura, con la escultura, con la literatura. Pero mucho más se miente con la palabra.

De lo que no hay dudas es que la "bolsa" que llevaba Max Ernst era muy grande, muy pesada, pero también es cierto que de ahí salieron muchas producciones, hubo mucha creatividad, mucha expresión. Porque podría haberse quedado como la primera parte de la descripción de Dorothea, el impenetrable, distante, incomunicado, sin hacer un solo garabato. ¡Y qué plomo hubiera sido Max Ernst en ese caso¡Su mérito es haber luchado para expresarse, para transformar eso que llevaba en la bolsa. Sufriendo, porque lo tenía "firmemente aprisionado".

Bueno, ya sé. Le iba a hablar de Pedrito y su creatividad y me fui de nuevo a la loma de los tomates.

Para que Pedrito arme "bolsa de pasados", rica, grande, tiene que acumular muchas vivencias, que como le expliqué, son momentos vividos, unidades de vida vivida, que esperan ser modificadas. Para eso es bueno que Pedrito juegue, explore, experimente. Las condiciones son: que esté seguro, que usted ande por ahí, que tenga algunas cosas con qué entretenerse, que de vez en cuando se den un besito y un abrazo (la base segura), y que les haya ido bien en el primer año

¿Y cómo se aprenderá a ser Dorothea? Porque hasta ahora hablamos de Max y el éxito. Pero Dorothea elige el otro platillo, el del amor.

¿Qué queremos para Pedrito? ¿La carrera de genio o el aprendizaje del amor?

Por suerte para el común de los mortales, la carrera es pareja entre una cosa y la otra, salvo que haya "accidentes" fuertes en el desarrollo o una serie de talentos y dones muy especiales. Desarrollamos normalmente aprendiendo a ser "ayudante" y "genio", un ratito cada uno, como cuando jugábamos a la maestra y los alumnos, un rato éramos alumnos, pero después de media hora de zarandeos gritábamos "ahora me toca a mí".

Y esto tiene que ver con lo que les decía que hará el bebé en el segundo año, una parte es la deambulación, otra el lenguaje y la tercera es la introducción en la socialización. El juego de a dos o tres está basado en el "hacer turnos". Si bien los chicos de 1 año juegan poco de a dos o tres, a medida que acercan al segundo año, es decir el cumplimiento de los 24 meses, cada vez aprenden más. Y eso si no está en la salita de dos antes de tiempo, como a los 18 meses, porque nació la hermanita. Y ahí sí, si querés ser genio, director de la batuta, dueño del circo, te bajan rapidito. Por ahí, a Max le faltó eso, pero a Pedrito no le va a faltar porque usted ya tuvo uno o está esperando el otro y aparece la panza como el tanque de los golpes militares que destituían presidentes.

Del lenguaje un poquito, respecto de ésta etapa. No de los discursos con los que vamos a elaborar nuestros problemas existenciales sino del pasaje del Ugg Uggg, vía el mamamama, al ése, éte quero, etc.

¿Un chiste? El chacarero fue a cazar y se le acaban los cartuchos. Le grita al perro ¡Anda Sultán pa' las casas, traeme cartuchos! El perro va corriendo, llegado donde la doña y ladra y ladra. La doña piensa que se escapó del trabajo de cazar y a las patadas lo manda devuelta. Lo mismo el chacarero, que lo ve venir sin los cartuchos. Y así media docena de veces. Al final Sultán cuando llega a la casa empieza: gua... guach... guach... guch... tuch..., catu..., catucho..., catucho.

El sistema es parecido. Si usted cuando el bebé mira el vaso de agua grita ¡Pedrito quiere agua, agua quiere Pedrito! Acá tiene mi sol, y corriendo le lleva el agüita para Pedrito. No aprende ni en 6 años.

Hágase la zonza. Mire donde mira, no diga nada. Pedrito apunta con el dedo. Ahí dígale: A G U A, Pedrito, decía A G U A. Tarda un tiempo, pero al final dirá cartuchos, perdón, agua.

¿Entiende? No le adivine todo. Déjelo ser el dueño del descubrimiento de poder invocar las cosas por su nombre y que entonces vengan a él .

Ya hablamos de la salita de dos. Quizá viene el segundo (o tercero) y usted no está para tanto trote y decide despachar a Pedrito a la salita de dos más cercana. Es importante que sea cerca, pero no un mamarracho; aunque hay pocos, hay. Pero más que nada tienen que sentirse bien usted con el lugar donde lo deja, ver, oler, preguntar, decir lo que le preocupa, muchas preguntas, varias entrevistas.

Ya vimos que es un buen "destronador" de emperadores y señorías, un emparejador, donde se aprende a compartir y algunas cosas más. No es mala idea. El progreso que hubo en la educación inicial o sistema de Jardines ha sido muy grande. La verdad que la mayoría de las chicas que trabajan en eso lo hacen con unas ganas bárbaras y cada vez con más información, conocimientos y técnicas. ¡Asique anímese!

Y ahí viene una despedida dura, para los dos, a veces más para nosotros que para ellos (mi última hija no preguntó una sola vez por nosotros durante la adaptación. Nosotros preguntábamos ¿no pregunta por nosotros? No, no, para nada. ¡Qué raro!, ¿no?, ¡che, qué raro!)

Bueno, ¡y ahora también para nosotros llegó la despedida!

¡Le deseo muchos ánimos, mucha suerte, mucha cebolla, mucha percepción de su bebé, mucho espacio para los dos, muchos descubrimientos, muchas sorpresas por las cosas que hacen los bebés, en fin, una etapa plena e intensa y una carrera parental exitosa!

J. Miguel Hoffmann

HOFFMANN/CIAD

**"Los árboles no crecen tirando de las hojas'
disponible en formato electrónico / eBook y en
formato impreso / Papel. Para comunicarse con este
autor o para información sobre publicaciones
Hoffmann / CIAD, puede escribir a:
hoffmann.publica@gmail.com**